Todo lo que hay que saber sobre poesía

Contemporánea
Poesía

ELENA
MEDEL

TODO LO QUE HAY QUE SABER SOBRE POESÍA

AUSTRAL

Ariel

La autora desea agradecer su lectura y sus consejos a María Martínez Bautista.

Ariel, un sello editorial de Editorial Planeta, S. A.
Avda. Diagonal, 662-664, 08034 Barcelona (España)
www.ariel.es

Diseño de la colección: Compañía
Adaptación de la cubierta: Austral / Área Editorial Grupo Planeta
Ilustración de la cubierta: © Angel Sanz Correa
Primera edición en Austral: enero de 2025
Segunda impresión: noviembre de 2025

Depósito legal: B. 20.158-2024
ISBN: 978-84-08-29774-1
Impreso en España

Biografía

Elena Medel (1985) ha publicado los libros de poesía *Mi primer bikini* (2002), *Tara* (2006) y *Chatterton* (2014), reunidos en *Un día negro en una casa de mentira* (2015); los ensayos *El mundo mago* (Ariel, 2015), *Todo lo que hay que saber sobre poesía* (Ariel, 2018) y *Erudición sobre hormigas y rositas* (2023); y la novela *Las maravillas* (2020), traducida a quince idiomas y ganadora del Premio Francisco Umbral al Libro del Año. Ha obtenido reconocimientos como el XXVI Premio Loewe a la Creación Joven y la beca Leonardo 2021 de la Fundación BBVA, y ha sido escritora residente en el Cheuse Writers Center, MALBA y Arvo Pärt Centre. Vive en Madrid.

www.elenamedel.com

Contenidos

Introducción

«Cuando lo leo, tengo la sensación de que me guiña el ojo». Wisława Szymborska plasmó así su reacción ante el autor de *La Ilíada*: entre una y otro median kilómetros e idiomas, milenios y circunstancias, y sin embargo a Szymborska le sucede algo físico —algo mágico— cuando se ruega a la musa que cante la cólera de Aquiles.

En esto consiste la poesía. Alguien escribe un poema y logra que otra persona —en otro sitio, en otro tiempo, con una existencia muy distinta— se identifique. Ignoramos qué nos une a la poeta china Xu Hui, que vivió hace quince siglos, pero su delicado "Lamento en el Palacio Changmen" nos quiebra más y más a cada lectura y relectura.

Pocas disciplinas artísticas cuentan con una presencia tan fuerte y real en nuestro día a día, y a la vez están rodeadas de un halo de prejuicio y de desconocimiento, como la poesía. Puede que no leas poesía, pero la poesía te rodea: en las canciones que escuchas en la radio, en los anuncios de YouTube. La poesía se originó en la palabra oral y compartida, alimentada generación a generación, cobijando al resto de géneros: saltó a los libros, pero hoy continúa también fuera de ellos, como en su nacimiento.

Si lees poesía de forma habitual, este libro te permitirá refrescar conceptos y descubrir anécdotas. Algo similar ocurrirá —esperamos— si escribes: puesto que sabes qué resortes funcionan, queremos mostrarte cómo se han aplicado a lo largo de la historia. Y si no escribes ni lees, pero te puede la curiosidad, confiamos en demostrarte que un poema habla tu mismo idioma y significa justo lo que tú quieras.

Con este libro hemos querido presentarte a quienes cambiaron nuestra historia a golpe de palabra. A quienes fijaron su época en sus versos, para que quienes les leyeran quién sabe cuántos años más tarde sintiesen el mismo guiño de Homero a Szymborska.

Madrid, diciembre de 2017

01 ¿Qué es poesía?

Se lo preguntó Gustavo Adolfo Bécquer —«¿qué es poesía?»— al comienzo de su rima XXI, que remató explicando aquello de «poesía eres tú». La poesía —en este caso— consiste en una interlocutora sin voz, aunque con «pupila azul». En otros, la poesía sirve para canalizar —o expandir— la emoción, o propicia el milagro de brindar palabras a lo inefable. ¿Qué significa, entonces, la poesía?

Si nos centramos en la teoría frente a la práctica, y nos asomamos al diccionario de la Real Academia Española (RAE), distinguiremos siete acepciones para el término *poesía*. Todas se vinculan a la literatura: entre otras, la poesía es la «manifestación de la belleza o del sentimiento estético por medio de la palabra, en verso o en prosa»; y el «poema, composición en verso»; y el «arte de componer obras poéticas en verso o en prosa». Se trata de una expresión que enlaza con la palabra, y que guarda también relación con la belleza y los ideales estéticos exquisitos.

Por su parte, el otro gran diccionario de la lengua castellana, elaborado por la lexicógrafa y bibliotecaria María Moliner, fija un significado mucho más —por así decirlo— poético: Moliner entiende que la poesía trata del «aspecto bello o emotivo de las cosas» y «se basa en imágenes sutiles evocadas por la imaginación y por el lenguaje a la vez

Cronología

c. 383-379 a. C.	43 a. C. - 17 d. C.	1304 - 1321
El banquete o El simposio: la poesía según Platón	Ovidio diversifica la poesía latina	Dante Alighieri compone *La Divina Comedia*

sugestivo y musical, generalmente sometido a la disciplina del verso». De nuevo la belleza —ahora vinculada a la emoción, con el nexo inevitable del sentido y el sentimiento— aparece en una definición, de nuevo se apela al lenguaje y al verso —con su connotación de expresión escrita—, ahora elementos tan fundamentales en un poema como las imágenes o la música.

El primer banquete de la poesía

El término *poesía* procede del francés *poésie*, que a su vez deriva del latín *poēsis*, cuyo origen se situaría en el griego ποίησις, *poíēsis*. Este viaje de regreso a la poesía, o al menos a la palabra que la nombra, nos descubre que la *poíēsis* griega quiere decir «creación» o «producción»: la poesía se sitúa en el origen de todas las creaciones, de todas las producciones, de todo el arte.

Así lo entendió Platón, que en su diálogo *El banquete o El simposio* reflexionó sobre el significado y la función de la poesía por boca de Diotima de Mantinea. En su discusión con Sócrates —su discípulo— acerca del amor, la filósofa se sirve de las connotaciones de la poesía para trazar un paralelismo con la pasión. «Ya sabes que la palabra *poesía* —explicaba Diotima— tiene numerosas acepciones, y expresa en general la causa que hace que una cosa, sea la que quiera, pase del no-ser al ser, de suerte que todas las obras de todas las artes son *poesía*, y que todos los artistas y todos los obreros son poetas». Esta primera intervención de Diotima subraya el carácter global, abierto y libre de la

«Poesía es esto y esto y esto.»

Juan Larrea, 1895-1980

1670
Molière abandona el verso en el teatro

1932-1933
Función de la poesía y función de la crítica, de T. S. Eliot

1948
Nicanor Parra publica los primeros antipoemas

¿Todo es poesía?

Ante la pregunta de un lector que se interesaba por su relación con la poesía, el escritor Antonio Muñoz Molina afirmó que —en su opinión— las escenas de la gran nevada en *Amarcord* (1973), la película de Federico Fellini, «eran poesía». Una expresión habitual cuando nos referimos al séptimo arte, con corrientes como el realismo poético francés —con Jean Renoir o Jean Vigo— o críticas que califican una película de «pura poesía»; las leímos a propósito de *La novia* (2015), de Paula Ortiz. También se califican de «poéticos» trabajos en los campos de la fotografía, la pintura e incluso la gastronomía, situando la poesía como paradigma del arte sublime.

poesía, que no se limita a la literatura, sino que se recibe sinónima de la creación.

«Y sin embargo —continúa— ves que no se llama a todos poetas, sino que se les da otros nombres, y una sola especie de poesía tomada aparte, la música y el arte de versificar, ha recibido el nombre de todo el género. Esta es la única especie que se llama poesía; y los que la cultivan, los únicos a quienes se llama poetas». Es decir: que la poesía late en el resto de las artes, pero late —sobre todo, de forma obvia— en la poesía.

Palabra < verso < estrofa < poema

La poesía es una expresión literaria con una clara vocación artística, y entre cuyos objetivos se incluyen la búsqueda de la belleza, la comunicación, la emoción —propia o ajena— o la indagación. Unas metas que se alcanzan recurriendo a las imágenes —trazadas a su vez gracias a tropos como la metáfora, entre otros recursos— o a la música —que se apoya, además de en diversas figuras para lograr un ritmo determinado, en la métrica y en la rima—, y expresándose en el poema.

Quizá el esquema nos recuerde más a las cifras que a las letras, pero el poema se mantendría fiel a la siguiente estructura: «palabra < verso < estrofa < poema». La palabra

La antipoesía

La poesía no bastó a Nicanor Parra: buscaba otras palabras, capaces de expresar otras ideas. «Todo es poesía menos la poesía», defendió, y en 1948 publicó los primeros antipoemas: en ellos tomó el concepto del francés Henri Pichette y adoptó el idioma de la calle. Sus poemas son coloquiales, sin circunloquios, e incluyen eslóganes publicitarios, expresiones populares, localismos o refranes. Por su lúcida y arriesgada renovación del lenguaje poético, Parra recibió el Premio Cervantes en 2011.

constituye la unidad mínima del texto, y conjugada con otras palabras conforma el verso. A su vez, los versos —las «líneas» de la poesía— se agrupan en estrofas —con cierta simpleza, los «párrafos» de la poesía— que, unidas, desembocan en el poema definitivo. En este punto empezarían las contradicciones, porque —sí— existen poemas compuestos por una sola estrofa [ver capítulo 15], y existen también poemas en prosa [ver capítulo 21], cuya forma desobedecería esta certeza.

En el fondo, las diversas interpretaciones sobre el significado de la poesía, sus límites y sus intenciones, dibujan una misma sensación: la de que se trata de un arte profundamente libre, generoso en variantes, y tan personal —tan vinculado a las experiencias y a las circunstancias de quien escribe y de quien lee— que jamás dirá lo mismo para unos y para otras. El poema, entonces: hágalo usted.

La idea en síntesis: la poesía es el origen de todas las artes

02 Orígenes de la poesía

No se equivocaban los griegos al definir la poesía como el arte total, como el origen —en cierto modo— de todas las disciplinas creativas. En sus primeros tiempos —en sus primeros versos—, la poesía contó igual que cuenta hoy la narrativa, y cantó con una actitud escénica que el teatro poseería después, y anhelaba transmitir el conocimiento e iluminar el pensamiento, como lo iluminan la filosofía o el ensayo.

¿Sucede así? ¿Sucede que alguien se detiene hace miles de años, y recuerda un recuerdo, o contempla un paisaje, o se le ocurre una pregunta sin respuesta, y entonces siente la necesidad de esbozar unas palabras en el alfabeto de su tiempo, quizá unos dibujos que representen lo que piensa? Demasiado idílico: no. La primera escritura adoptó la forma del jeroglífico, y existen testimonios en Egipto con más de cincuenta siglos de antigüedad. Unos setecientos años más tarde se plasmaría en tablas de arcilla el poema más antiguo del que se tiene noticia: el *Poema de Gilgamesh*.

Unas tablillas en el Museo Británico

Ese primer texto poético —conservado en el gran museo londinense— quebraría la imagen del género tal y como la recibimos hoy. Lejos del espíritu lírico, en el *Poema de Gilgamesh* sobra la acción: su aliento narrativo lo conducen las aventuras —y desventuras— de Gilgamesh, rey de

Cronología

c. siglo XXXIII a. C.	*c.* 2500-2000 a. C.
Primeros jeroglíficos en Egipto	Tablas de arcilla en caracteres cuneiformes con el *Poema de Gilgamesh*

«La poesía es anterior a la escritura y sobrevivirá a su fin, irá tomando distintas formas.»

Raúl Zurita, 1950

Uruk, que busca la inmortalidad tras la muerte de su amigo Enkidu. Recibimos el poema de manera física gracias a la escritura cuneiforme, pero nadie se sentó a transcribir la historia imaginada: su creación se basó en la oralidad, igual que su difusión.

No se descarta la existencia del rey sumerio Gilgamesh, que habría gobernado ocho siglos antes de la elaboración de esas tablillas, y cuya leyenda habría propiciado el mito y el poema. Un hecho histórico contado de generación en generación, ampliado y modificado por la necesidad de entretenernos e inspirarnos, en el que no existe firma: es obra del pueblo, que lo ha alimentado en torno a una hoguera o en los espacios comunes de disfrute y conversación. Estos poemas milenarios se componían para honrar a los gobernantes, solicitar los favores de los dioses o —más sencillo— afrontar las tareas del día a día. Y estos poemas se decían en voz alta, en la lengua de aquellos hombres y de aquellas mujeres de la antigua Mesopotamia: una lengua que ya no existe, y en la que nació una expresión que les sobreviviría.

Así que el primer poema de la historia no se trata de una composición breve y rotunda acerca de las preocupaciones del ser humano, ni de un llanto de ritmo potentísimo por todo lo que hemos perdido, o por todo lo que perderemos. Nada de eso: o una epopeya formada por cientos de versos con voluntad narrativa, protagonizados por un superhéroe que lucha contra animales sobrenaturales y nada hasta las

C. siglo XV a. C.

Composición del *Rigveda*, que incluye himnos en sánscrito a los dioses

C. siglos XI-VII a. C.

Shijing, antología central de la poesía clásica china

La necesidad de la escritura

La historia de la poeta Concepción Estevarena nos explica la necesidad de la escritura, tanto en el plano creativo como en el físico: no basta con pensar en los poemas, sino que precisamos del trazo de las letras. Estevarena compartió con Bécquer circunstancias —ambos nacieron en Sevilla, con un par de décadas de diferencia— y rasgos de escritura, muy peculiar en el caso de ella, con textos neutros que escondían su condición de mujer.

El padre de Estevarena le prohibió escribir, y eliminó cualquier útil en casa que se lo permitiera: ningún hombre se casaría con una mujer más preocupada por las letras que por el hogar. Ella —en cambio— aguardaba el momento diario en el que el padre marchaba a trabajar y, entonces, tomaba el folio en blanco más cercano: las paredes. Allí esbozaba sus versos, los memorizaba, los borraba antes de almorzar, y después corría a casa de una amiga, donde le esperaba un cuaderno abierto en el que volcar sus poemas.

Podría haber escrito en su memoria, sin más; podría haber esperado al rato de la tarde... pero ganó la necesidad de la escritura. Falleció a los veintidós años, poco después de la muerte de su padre, cuando al fin era libre para la poesía.

profundidades marinas para lograr su objetivo. ¿De verdad Hollywood no ha tomado nota?

De dioses y campesinos

Para ahondar en los orígenes de la poesía insistiremos en nuestra mirada al este, en India y China. La —relativa— cercanía geográfica permite cierta sincronía entre las primeras expresiones poéticas de ambas, con sus distancias lógicas. Una distancia que acoge al *Rigveda*, el más antiguo de los libros sagrados de la religión védica, y al *Shijing*, popular entre los lectores chinos como *Libro de las odas* o *Clásico de la poesía*. Comparten también su estructura, puesto que se trata de antologías de textos breves, y se alejan del *Poema de Gilgamesh* al despojarse de su intención de contar.

Porque estos poemas cantan. La composición del *Rigveda* se remonta al siglo xv a. C., aunque algunos expertos adelantan en doscientos años su origen, y otros lo retrasan en cien. Su idioma es el sánscrito, y presentan la conciencia más antigua de literatura en lengua indoeuropea: una muestra oral, sin embargo, puesto que su redacción esperaría una veintena de siglos. La obra —diez libros, conocidos como «mandalas», con más de mil poemas— se nutre de himnos (*rich*) de autoría respaldada —lo indica el propio texto— por un *rishi*, un poeta sabio y religioso, aunque ciertas teorías apuntan a un origen colectivo, integrado por su comunidad. El *Rigveda* forma parte de los *Vedas*, el libro sagrado de la religión védica —predecesora del hinduismo—, y su contenido anima a los dioses al sacrificio.

El *Shijing* muestra, por su parte y varios siglos después, una temática mucho más inofensiva. A diferencia de los otros libros que marcan el origen del género poético, en esta antología no se loa a héroes y dioses, sino a la vida cotidiana: las costumbres de nobles y campesinos se retratan en poemas brevísimos —casi pinceladas, parientes del posterior haiku japonés [ver capítulo 18]— que se cantaban y bailaban. La responsabilidad de la edición se atribuye al mismísimo Confucio, aunque nos ha legado una única certeza: la de la existencia de Qu Yuan, uno de los autores de las *Canciones de Chu* —una de las obras incluidas en el *Shijing*—, y a quien se considera el primer gran poeta en lengua china.

La idea en síntesis: la poesía nació antes que la escritura

03 Lírica, épica y dramática

Quien recita el poema se sitúa en el centro de la escena, con voluntad teatral: ágora para la discusión, plaza del pueblo o entorno de la hoguera. Se refiere a unos personajes, alude a unos hechos y cuenta una historia con principio y —con suerte— fin. Esa historia la guía una voluntad narrativa. Persigue la belleza y busca la emoción con sus palabras: voluntad poética, por tanto.

Te contábamos [ver capítulo 2] que en la aparición de la poesía se sitúa el origen del resto de disciplinas literarias, contenidas en aquellos primeros poemas: textos de creación y difusión oral, con autoría colectiva —recorriendo el tiempo generación a generación—, que se representaban igual que hoy se ocupan las tablas del teatro, y que contaban historias para entretener o adoctrinar. La poesía ejerció como manto —entonces— para los hilos que se le escaparon: el teatro y la narrativa.

> **«Hablemos de la poética en sí y de sus especies, de la potencia propia de cada una.»**
>
> **Aristóteles, 384-322 a. C.**

Aristóteles, el primer teórico

La idea la plasmó Aristóteles en la *Poética* —también conocida como *Sobre la poética*—, una propuesta sobre los diferentes géneros literarios escrita durante los últimos años de su época ateniense. Toda escritura literaria utilizaba el verso en la época clásica, por lo que cualquier escritor —hasta

Cronología

c. 390-370 a. C.
Platón esboza las diferencias entre tipos de poesía en *La República*

c. 335-323 a. C.
Aristóteles escribe la *Poética*

aquel que tratara en sus textos sobre la ciencia o la historia— merecía el calificativo de «poeta». Partiendo de esta idea, Aristóteles se convirtió en uno de los primeros teóricos de la literatura, esbozando unas fronteras entre géneros literarios que pocos habían construido hasta entonces.

La clasificación aristotélica establece ciertas diferencias entre la poesía dramática —identificable hoy como punto de partida del teatro—, la poesía épica —que asemejaríamos a la narrativa— y la poesía lírica —la que corresponde de forma más pura con la poesía, según su significado y valor actuales—. Trescientos años después, Horacio la desarrollaría en su *Epístola a los Pisones* o *Arte poética*: un texto que aborda las distintas escrituras y en el que se distancia de la actitud de Aristóteles, observador y analista de lo escrito, puesto que las opiniones de Horacio nacen de su propia experiencia como poeta.

La poesía lírica

Hemos mencionado la poesía lírica como la forma más pura de la poesía, y nos referimos con ese adjetivo a su condición original, y al mismo tiempo a la falta de «contaminación» de otros géneros: la poesía lírica equivale a la poesía, sin más. «Lírica» alude de forma evidente a la lira, el instrumento tocado por la musa Erato [ver capítulo 4], y también a aquellos primeros poetas que recitaban con el acompañamiento de la música. La poesía lírica, y el lirismo, cercan el trasfondo íntimo de la escritura; fijan sus tonos —y sus estructuras: verso, estrofa, poema— y asuntos.

La poética china

Una curiosidad, o no: en muchas ocasiones insistimos en ciertos hechos por cercanía cultural o geográfica, y omitimos otros porque desconocemos sus códigos o los sentimos ajenos. Un poeta chino asumiría de manera inconsciente esa labor —teórica desde la práctica— de Horacio. Su nombre es Lu Ji, y en su libro *Wen Fu* —subtitulado "Pro-

20-15 a. C.
Horacio incluye *Arte poética* en sus *Epístolas*

siglo III
Wen Fu, de Lu Ji: una reflexión con otros códigos

El poema épico

Por su condición híbrida entre la poesía y la narrativa, el poema épico ejerce al mismo tiempo como campo abierto para las pruebas, y cajón de sastre para textos de difícil clasificación. A la bolsa del poema épico arrojamos las epopeyas y los cantares de gesta, pero también textos algo más tardíos —y discutibles en esa clasificación— como *La Divina Comedia* (*c.* 1304-1321), de Dante Alighieri, o *El paraíso perdido* (1667), de John Milton, «el poema épico más importante de la literatura en lengua inglesa», según el poeta y traductor Eduardo Moga. Incluiríamos también una variación muy curiosa del cantar de gesta: las sagas islandesas, en las que se encuentran la genealogía, la historia, la narrativa y la poesía.

sopoema sobre el arte de la escritura" en sus versiones a nuestro idioma— presentó una extensa reflexión sobre la función de la poesía y el oficio del poeta.

El molde del verso

Hasta la aparición medieval del cuento y de la novela —con su expresión en prosa—, la poesía épica representó la forma más habitual de la ficción, fijada aquí con el molde del verso. Hasta entonces, las gestas de reyes y héroes se plasmaban en larguísimos poemas con voluntad narrativa, como las epopeyas, sobre las que ya te hemos hablado [ver capítulo 2]: desde el inicial *Poema de Gilgamesh*, enmarcado en la cultura sumeria, a capitales textos clásicos como *La Ilíada* (siglo VIII a. C.) y *La Odisea* (siglo VIII a. C.) —ambos griegos, ambos atribuidos a Homero— o la *Eneida* (siglo I a. C.) —de la tradición latina, obra de Virgilio—, pasando por el *Majábharata* (siglo III a. C.) —que se asigna a Viasa— y el *Ramáyana* (siglo III a. C.) —Valmiki habría sido su autor—, escritos los dos en sánscrito.

Desde la Edad Media, la poesía épica convive con la novela en su ambición de ficcionalizar la realidad, y generar mitos: unos prefieren contar en prosa, y otros eligen consignar sus historias en los cantares de gesta [ver capítulo 35], la «actualización» —para entonces— de la epopeya. En la tradición hispánica se identifica de inmediato un primer título: el *Poema de Mio Cid* (*c.* 1200), que reflejaría las hazañas del caballero Rodrigo Díaz de Vivar.

Grecia, otra vez

Esos mapas de habitación adolescente, en los que las chinchetas señalan ciudades importantes para la memoria o para los sueños: imagínalo. El mapa de la poesía dramática escogería la chincheta del origen, la alejaría de Mesopotamia —adiós a los sumerios y sus reyes buceadores— y la clavaría en la antigua Grecia. Ahí se sitúa el origen de la poesía dramática, y del teatro, y de Aristóteles, y de tantos que practicaron antes la poesía, el teatro, la reflexión y todo cuanto se nos ocurra. De hecho, a Aristóteles se le adelantó Platón, que en *La República* distinguió entre tres variantes de poesía —épica, imitativa y no imitativa— en su relación con el pensamiento filosófico.

Si el vínculo entre la poesía épica y la narrativa como género en prosa resulta más estrecho, no parece así en el caso de la poesía dramática y el teatro. La literatura escrita para la escena recurre al verso —sucederá así hasta el siglo XVII, cuando autores como Molière consideren la prosa válida para sus obras—, pero muy pronto toma conciencia aparte: en el momento en el que los alegres himnos a Dioniso introducen tramas, coros y otros recursos alejados de la lírica.

La idea en síntesis: tres poéticas en su origen: dramática, épica y lírica

04 La inspiración

El pintor Pablo Picasso defendió su existencia, pero advertía: conviene que te encuentre «trabajando». La mitología griega quiso concretar y fundó el rol de las musas, alimentado siglo a siglo y verso a verso por aquellos que confiaban en la parsimonia. Un golpe de inspiración puede desatar un buen poema, pero no todos los poetas se consagran a la suerte.

El origen de la palabra *musa* se sitúa en la mitología griega: nueve diosas que vivían en el Parnaso —una montaña en el corazón de Grecia, que también albergaba el oráculo de Delfos y un santuario en honor de Apolo, protector de las musas y símbolo de la inspiración—, mientras cuidaban de las artes y las ciencias. Las fuentes no acuerdan de dónde salen y a quiénes deben su afán por nutrir la inspiración ajena; hay quien menciona a Zeus y a Mnemósine, al propio Apolo, a Urano y a Gea, a Píero y a una ninfa. En cuanto al mapa, se desplaza del pie del monte Olimpo a la cumbre del Helicón —el llamado «Monte Tortuoso»—, la propia Delfos o la ciudad mediterránea de Sición, próxima al golfo de Corinto, con el inspirador paisaje de los olivos y los árboles frutales.

Las musas

Los historiadores de la Antigüedad enumeran distintos nombres para las musas, según la familia a la que se las vincule, y también distintas cifras: tres, cuatro, ocho... Homero admite nueve, las mismas a las que Hesíodo adjudica

Cronología

c. siglos VIII-VII a. C.	1275	1327
Hesíodo nombra y enumera a las musas en su *Teogonía*	Primer encuentro (supuesto) entre Beatriz y Dante	Primer encuentro (supuesto) entre Laura y Petrarca

El caso de "Kubla Khan"

Una noche de otoño, Samuel Taylor Coleridge —figura nuclear del Romanticismo inglés [ver capítulo 38]— se adormiló mientras leía una biografía de Kublai Khan, último emperador de Mongolia y primero de la dinastía Yuan en China. Su vida exótica y compleja, unida al consumo de opio por parte de Coleridge, inspiró en el poeta no ya un sueño, sino un poema soñado. Lo tituló "Kubla Khan", y Coleridge insistió en que sus cientos de versos le fueron dictados mientras dormía: al despertar se precipitó a escribirlos, aunque sería interrumpido por un visitante que le impidió acabar su tarea; tras su marcha, Coleridge apenas logró reproducir unos pocos versos más. El poema no se publicaría hasta veinte años después de esa prolífica mañana.

los nombres de Calíope —musa de la belleza y la elocuencia, enlazada casi siempre con la poesía épica—, Clío —de la historia y de las epopeyas—, Erato —de la poesía lírica [ver capítulo 3]—, Euterpe —de la música—, Melpómene —de la tragedia—, Polimnia —de los himnos—, Talía —de la comedia—, Terpsícore —de la danza— y Urania —de la astronomía y las ciencias—. Todas ellas se sitúan próximas a la escritura poética, aunque no sea de manera explícita: Talía tiene que ver con la poesía bucólica [ver capítulo 9], Urania con la didáctica... Los poetas no solo han confiado en la capacidad inspiradora de las musas, sino que les han dedicado —quizá como ofrenda— numerosos textos. Uno de los más curiosos es el "Canto a Calíope" que Miguel de Cervantes inserta en su novela *La Galatea* (1585), a raíz de la aparición de la musa a los pastores.

La inspiración tiene razones que la razón misma no entiende. Aunque Blaise Pascal no pensara así, nos toca

1759	1797	1924
Se publica *Conjeturas sobre una composición original*, de Edward Young	Coleridge escribe "Kubla Khan"	Anna Ajmátova escribe "La musa"

«Gloria, juventud, libertad quedan pálidas / ante ella, que trae una flauta en la mano.»

Anna Ajmátova, 1889-1966

remedar su máxima para subrayar las connotaciones místicas de la inspiración. Ya lo avanzó Platón en su diálogo *Ion* (*c.* 401 a. C.), también conocido como *De la poesía*, en el que defiende —enfrentando a Sócrates con el rapsoda Ion— que el poeta no se escuda en lógica alguna, sino en la inspiración celestial, que equipara a una posesión por parte de dioses y musas; el poeta tiene más de herramienta que de creador, de ahí que su figura quede en entredicho tras la lectura de este texto. El poeta prerromántico inglés Edward Young ahondó en el concepto de *genius*, el «genio», que acercaría esa confianza en la inspiración a la idea romántica del poeta como un ser visionario, adelantado a su tiempo.

El entrenamiento de Jaime Gil de Biedma

El poeta español, símbolo inexcusable de la generación del 50, se preparaba para la escritura de una manera muy curiosa. En una conversación con el periodista Miguel Munárriz y la escritora y profesora Carme Riera, el poeta comentaba que no seguía rituales ni confiaba en fetiches, sino que pensaba en la manera en la que quería que sonara un poema determinado, y se preparaba para ello. Igual que un deportista no se lanza a la competición sin un entrenamiento previo, Gil de Biedma traducía a los maestros para descubrir el mecanismo de sus poemas, y aplicarlos a los suyos propios. La música que guio "Pandémica y Celeste", por ejemplo, la logró con «una enumeración muy larga», después de trabajar sobre textos de W. H. Auden y Rainer Maria Rilke, que versionaba en nuestra lengua «para afianzarme la mano». El poema ronda el centenar de versos, e invirtió en él —y en un borrador que consideraba «un poema de ejercicio», y que nunca vio la luz— nueve meses.

Este estudio minucioso de la ingeniería del poema contrasta con otra de las costumbres de Gil de Biedma: la de

La musa

Mujer, joven y bella: el retrato robot de la musa, en singular. Dante elevó en *La vida nueva* (*c.* 1292-1293) y *La Divina Comedia* a Beatriz Portinari, aunque sobre su relación se cuentan dos versiones: o se conocieron durante su infancia, sin verse otra vez hasta nueve años más tarde, o existió un único encuentro sin mediar palabra. Retomó el testigo de la pasión platónica Petrarca, que dedicó su *Cancionero* (siglo XIV) a la misteriosa Laura, de cuya existencia también se duda. En cambio, el poeta simbolista francés Stéphane Mallarmé confesó: «la destrucción fue mi Beatriz». La RAE admite «muso» con su significado para los hablantes de Valladolid: «hipócrita».

la escritura automática. Un sistema popularizado por los poetas surrealistas, en las antípodas de su opción estilística, pero que le permitía encender la llama de la escritura «después de un día de mucho trabajo en la oficina». Al regresar a casa, Jaime Gil de Biedma se despojaba del traje de ejecutivo y vestía el de poeta: se sentaba frente a la máquina de escribir y tecleaba lo primero que se le ocurría, y lo segundo, y lo tercero, «para vaciarme». De aquellos ejercicios nocturnos, que él calificaba de «magma», surgieron al menos dos de sus poemas: "Aunque sea un instante" e "Idilio en el café". Los tomó como punto de partida, los reescribió, los corrigió... y su rutina diaria de escritura, propiciada por la necesidad, fructificó.

La idea en síntesis: que la inspiración te encuentre esperándola

05 La figura del poeta

¿Quién es ese ser pertrechado con una lira, que declama sus bellos versos al son de las cuerdas? ¿Y ese otro encaramado entre la multitud varios siglos después, recitando ante los nobles a cambio de techo o de comida? Aedos, bardos o trovadores, todos en el pasado dieron voz a los versos; el poeta los respalda con su presencia, o se diluye entre historias que parecen de otros géneros.

De una forma u otra, el poema queda sometido al tamiz de la experiencia de quien lo escribe: por mucho que fabule en su escritura, por mucho que sus versos rindan homenaje a los logros ajenos, la poesía siempre brota de la propia voz y de las propias circunstancias. El autor anónimo del *Cantar de los nibelungos* —el poema épico fundamental de la cultura germánica, que en el siglo XIII reunió certezas y mitos en un texto único—, ¿no dejaría acaso alguna huella en sus versos? No nos legó su nombre, quizá se limitara a poner por escrito lo escuchado, pero ahí grababa —de una manera u otra— la figura del poeta.

El poeta como autor

El concepto más básico de autoría —aquel que asocia un nombre y apellidos con una obra de creación— surge en el Renacimiento, en paralelo al nacimiento de la imprenta, que modificaría tanto el sistema de difusión de la literatura como el acceso a la misma; esa idea de autoría está

Cronología

siglo VIII a. C.	siglos XII-XIV
Homero menciona a los aedos en sus epopeyas	Trovadores en Europa: Occitania, norte de Italia o Alemania

¿Existió Homero?

Deberíamos pedir calma a aquellos que reconocen en Homero al primer poeta (identificado) de la historia. La ausencia de fuentes históricas veraces y el hecho de que su nombre pudiera derivar de los *homēridai* —un colectivo de autores— nos invita a pensar que sus grandes epopeyas no las compuso un aedo ciego, sino un grupo de poetas. En todo caso, todos los testimonios que poseemos datan de varios siglos después de su muerte, y no apuntan ningún dato concreto para su nacimiento.

ligada a lo impreso, de ahí que resulte complejo fijarla en culturas orales, como la hindú.

Hasta entonces, la poesía se transmitía de boca en boca, y la responsabilidad autoral se entendía de una forma muy distinta a la de nuestro presente. Entonces se identificaba como autor —la jerarquía es muy similar a la empleada en el teatro— a aquella persona que recitaba el poema, lo hubiera escrito o no, puesto que se entendía que la reproducción oral equivalía —con los parámetros de hoy— a una reescritura del texto base: y a una reescritura única, vinculada a la experiencia de decir y de oír, puesto que nunca se repetiría igual. De esta manera, el origen del texto no se encontraba en quien lo componía, sino en quien lo daba a conocer. Esta tesis propició —en diferentes épocas— la actividad de los rapsodas y los juglares, que declamaban los poemas pero no los escribían.

Esto no implica que desconozcamos los nombres de los poetas griegos y romanos, sino que su función poseía connotaciones diferentes a las que les asignaríamos hoy. Safo [ver capítulo 34], Píndaro, Catulo, Horacio [ver capítulo 9] o Lucrecio escribían sus poemas, y los firmaban, y obtenían

c. 1440
Primera imprenta moderna, por Johannes Gutenberg

1738
Muere el irlandés Turlough Carolan, considerado el último bardo

«Y llamad a Demódoco, el divino aedo a quien los númenes otorgaron gran maestría en el canto para deleitar a los hombres.»

Homero, *c.* siglo VIII a. C.

reconocimiento, pero su figura —que no su actividad— no encajaba en el concepto actual del autor.

Aedos, bardos y trovadores

Casi en el principio fue el aedo: el «cantor épico de la antigua Grecia» —gracias, diccionario académico— que recita versos de su autoría mientras toca un instrumento de cuerda. Habitualmente se trataba de una *forminge* —la llamada «lira homérica»—, que terminaría desplazada en importancia por la cítara. La imagen la retenemos gracias a las visitas escolares a museos y el visionado de películas de épocas remotas. Como aedo identificaríamos a Homero —si es que existió—, que en *La Ilíada* y *La Odisea* inventa a dos colegas ficticios, que se presentan en la corte para recitar el poema escogido por su selecto público.

Quien lee, reescribe

Viajamos en la máquina del tiempo hasta el presente, y es que esta idea de que el poema se reescribe con cada lectura la defiende el poeta español Antonio Gamoneda. Gamoneda —Premio Cervantes en 2006— sostiene que el lector completa el poema con su lectura, convirtiéndose en su autor —en cierto modo— cuando lo lee, y aporta su experiencia. Según esto, ningún poema es el mismo poema, y su interpretación depende siempre de quien lee. No se trata de destruir la figura del autor, sino de todo lo contrario: de reconocer su apertura hacia el lector. Por eso, cuando nos preguntamos qué significa un poema o qué nos quiere decir quien lo ha escrito —uno de esos tics heredados en la época escolar—, sería más adecuado puntualizar: ¿qué significa para quienes leemos, qué nos quiere decir?

La vocación de difundir hechos históricos la compartían con los bardos, los poetas de los pueblos celtas que recitaban sus versos en el noroeste de Europa, en los territorios que hoy reconocemos como Irlanda, Escocia, Gales o Bretaña. Sin embargo, a diferencia del aedo —con su aura de creador a cuestas—, la figura del bardo mostraba unas connotaciones incluso políticas, puesto que sus poemas tenían la voluntad de fijar la historia y transmitirla de pueblo en pueblo. Quien desease convertirse en bardo tenía antes que vencer en una competición, acaso precedente de los posteriores juegos florales.

Recogerían el testigo —ya en la Edad Media— los trovadores [ver capítulo 35], asumiendo varias funciones: la de la composición de poemas y la de su recitación. Así, existían trovadores (*troubadours*) que primero escribían y luego compartían sus poemas en voz alta, y trovadores que cedían la declamación de sus versos a los juglares. El fenómeno se centró en el sur de Francia —allí vivió Chrétien de Troyes, considerado uno de los primeros novelistas por su *Perceval* (*c.* 1180)— y en lengua occitana, aunque no podemos omitir a los *minnesänger*: los trovadores alemanes que actuaban, por así decirlo, en comunidad.

Rapsodas y juglares

No escribían, pero sí recitaban: los rapsodas de la antigua Grecia memorizaban los versos ajenos para declamarlos no con música —a diferencia de los aedos—, sino marcando el ritmo con un bastón, el llamado *rapdos*. Una vida itinerante, coronando las fiestas con sus poemas sobre reyes, guerras y castigos, y muy parecida a la de los juglares medievales: recitadores que sumaban a su espectáculo el canto, el baile o los juegos, y que se presentaban con el mismo respeto ante campesinos y nobles. Pese a su innegable relación con la poesía, la actividad de ambos tiene más que ver con el teatro.

La idea en síntesis: el concepto del poeta como autor nace en el Renacimiento

06 La poesía... y la ficción

Vinculamos poesía con verdad: hemos asumido aquella declaración de Walt Whitman en *Hojas de hierba* (1855), pues «quien toca esto toca a un hombre», olvidando quizá la ligazón profunda entre la poesía y la ficción, desde aquellos versos que primero se recitaron. Cuando leemos un poema identificamos su contenido con la experiencia o el pensamiento de quien escribe. ¿Y si no ocurriera así? ¿Y si un poema contara una ficción? ¿Y si el poeta lo fuera?

Cuando leemos a la poeta Elizabeth Barrett Browning conocemos a Elizabeth Barrett Browning. *Las ventanas de la Casa Guidi* (1851) traslada a versos su opinión sobre la unificación de Italia, y aunque lo presente como una traducción, *Los sonetos del portugués* (1850) —*Los sonetos de la portuguesa* o *Los sonetos de la dama portuguesa* en algunas versiones castellanas— relatan su historia de amor con el también poeta Robert Browning [ver capítulo 7]. No se trata de que contengan declaraciones explícitas sobre su inspiración, sino de que nuestro conocimiento de su biografía nos permite rastrearla en sus versos.

El peso autobiográfico, habitual en la poesía moderna gracias a expresiones como la confesional [ver capítulo 31], nos ha llevado a creer en la veracidad de lo que nos cuentan. Este prejuicio, sin embargo, omite el nacimiento de la poesía como híbrido de géneros, y desvirtúa el carácter libre de la expresión poética: una escritura que deja espacio para la fabulación.

Cronología

1761
James Macpherson encuentra un poema de Ossian... o eso asegura

1769
Thomas Chatterton escribe al crítico Horace Walpole, que le ignora

Los falsarios

«El poeta es un fingidor.»

Fernando Pessoa, 1888-1935

En ese juego se incluirían quienes quebrantan la regla no escrita de la verdad, y la sustituyen por la verosimilitud: no lo es, pero lo parece. A la cabeza de esta rebelión se sitúan los falsarios. Cuando pensamos en el Romanticismo [ver capítulo 38], ¿quién no ha visualizado el cuadro *The Death of Chatterton* (1856), de Henry Wallis? Thomas Chatterton se anticipó a Coleridge y compañía —se le encuadra en el movimiento prerromántico—, aunque su sensibilidad —y su picardía— datarían de unos siglos antes. Su historia épica y trágica —también lírica, aunque sea por el género al que se consagró— eclipsó la experiencia de James Macpherson, el otro gran falsario de la época. Hasta que el implacable crítico literario Samuel Johnson no le atribuyó los poemas del bardo [ver capítulo 5] gaélico Ossian —mezcla de textos medievales verdaderos y versos en los que imitaba el lenguaje de la época—, Macpherson logró entusiasmar a toda Europa, incluyendo a los miembros del incipiente *Sturm und Drang* alemán.

Pese a ser descubierto, James Macpherson mantuvo su reputación, formó parte de la Cámara de los Comunes —el equivalente británico al Congreso de los Diputados—, murió con una gran fortuna y fue enterrado en la abadía de Westminster (Londres). Su heredero en el fingimiento no corrió la misma suerte. Para escapar de la miseria, Thomas Chatterton —huérfano de padre desde antes de nacer— optó por el conocimiento. Leía sobre astronomía y sobre heráldica, estudiaba el vocabulario del siglo XV... y con once años decidió imitarlo en el poema "Eleonure y Juga", que atribuiría al monje Thomas Rowley. Rowley jamás existió, salvo en la mente de Chatterton y en la de aquellos a quienes consiguió engañar. Chatterton forjó una red de

1888

Nace Fernando Pessoa, y con él Álvaro de Campos, Ricardo Reis...

1926

La *Revista de Occidente* publica *Cancionero apócrifo* de Abel Martín

Fernando Pessoa

El campesino Alberto Caeiro, vivo por la filosofía y muerto por la tuberculosis, creyente en la poesía como lenguaje de la realidad. Álvaro de Campos, que fue simbolista y decadentista y futurista y nihilista, de ninguna parte. Ricardo Reis, médico portugués exiliado en Brasil, amante de la poesía clásica, cuya influencia reflejó en sus versos. El autor del *Libro del desasosiego,* Bernardo Soares, de personalidad difusa y sin fecha de muerte, con parecido sospechoso a un tal Pessoa. Hombres y mujeres, cuentistas y ensayistas y poetas, hasta más de setenta identidades: ningún otro poeta ha indagado en las posibilidades de los *alter ego* con tanta brillantez como Pessoa.

poetas para los que inventó circunstancias, peripecias y textos literarios; incluso redactó la correspondencia entre unos y otros. A los dieciocho años se trasladó a Londres, donde su engaño sería descubierto por los críticos, suspicaces tras la experiencia con Macpherson. El joven falsario intentó sobrevivir colaborando con la prensa de la época y escribiendo textos por encargo, ya con su propio nombre, pero prefirió la muerte a la pobreza: después de gastar sus pocos ahorros en regalos caros para su madre y sus hermanas, tomó demasiado arsénico o demasiado opio —no hay acuerdo— para suicidarse.

Heterónimos y seudónimos

Tanto Macpherson como Chatterton crearon a los primeros heterónimos: identidades con un fin literario a las que proveyeron de obra y biografía, y que constituyen un auténtico trabajo de ficción. La práctica es distinta del seudónimo, un nombre falso bajo el que se esconde un autor o autora que sí existe; alguien con una biografía real, aunque no la muestre. En muchos casos, y hasta fecha bien reciente, un seudónimo masculino ha ocultado a una escritora que no quería ver su obra encasillada por el hecho de ser mujer [ver capítulo 32] o que prefería desvincular su actividad literaria de su vida. La chilena Lucila Godoy escribió y logró los mayores honores como Gabriela Mistral, y compartió época y lengua de escritura con la española Lucía Sánchez Saornil, que firmaba sus poemas como Luciano de San-Saor. No se trata de un fenómeno femenino en exclusiva, eso sí: Ricardo Eliécer Neftalí Reyes Basoalto prefirió llamarse, en cuestión de letras, Pablo Neruda.

Pero regresemos a los falsarios, y con ellos a los heterónimos: Macpherson y Ossian, Chatterton y Rowley... y Fernando Pessoa y sus cien mil hijos (o casi), y Antonio Machado y sus maestros, sabios cada uno a su modo. A sus heterónimos, Machado los nombró como «apócrifos» y, frente a su escritura «oficial» —aquella respaldada como Antonio Machado, de discurso más grave—, los abre a la filosofía o les asigna un tono humorístico. Para todos ellos —más de una veintena— concreta lugares y fechas de muerte y nacimiento, y con dos se extiende: el poeta y filósofo Abel Martín y su alumno, el maestro Juan de Mairena. Para ambos escribe Machado cancioneros apócrifos, y a ambos los sitúa como catedráticos de una ambiciosa Escuela Popular de Sabiduría Superior.

La idea en síntesis: la poesía es el espacio del juego

07 ¿Temas de la poesía?

Federico García Lorca proclamó que la poesía no necesita adeptos, sino amantes, y a ese cántico nos uniríamos anunciando que la poesía no requiere de un tema, sino de un temblor. De esta forma prende la mecha de la escritura: por criterios maleables, igual que el fuego mismo, aunque sí que existen elementos que avivan más la hoguera de la inspiración [ver capítulo 4] o de la constancia.

Un poema se escribe sobre cualquier cosa. En su serie de *Odas elementales* —compuestas por cuatro libros, publicados a lo largo de la década de los cincuenta—, Pablo Neruda dedica sus versos a «todo lo que podía englobar de nuevo en un vasto impulso cíclico mi creación». No se ha catalogado ningún poema a su ombligo, pero sí a los numerosos aspectos sencillos que convierten la vida en algo que merece la pena. A Neruda le debemos —entonces— odas a la alcachofa, al átomo, al caldillo de congrio, a la castaña en el suelo, a la cebolla, a los minerales, a los poetas populares, al reloj en la noche o al tomate.

«Todo termina siendo metafísico.»

Wisława Szymborska, 1923-2012

Lo inefable

Si a Neruda le sobraban palabras —y debilidad por la gastronomía, leído lo leído—, en ciertos momentos sucede lo contrario: nos faltan para expresar lo que sentimos o pensamos.

Cronología

siglo I a. C.	650
Catulo ama, y luego lo cuenta en sus poemas	Fallece Xu Hui, la primera de las poetas de la dinastía Tang

Se trata de la poesía de lo inefable, un término que la escritora venezolana María Auxiliadora Álvarez acuñó para referirse a la obra mística de san Juan de la Cruz [ver capítulo 29], y que aquí ensancharíamos para acoger a una escritura de vuelos altos. Una poesía metafísica, a la que el diccionario académico reprocharía su carácter «oscuro y difícil de comprender», emparentada con la disciplina filosófica que aborda los cimientos de la realidad. Somos animales metafísicos, o así nos juzgaría Arthur Schopenhauer: crecemos en la duda.

La filosofía impregnó el discurso de los poetas metafísicos, un nombre elegido por Samuel Johnson, el crítico que desenmascaró al falsario Macpherson [ver capítulo 6]: un grupo de escritores del Barroco inglés, cercanos a los conceptistas españoles [ver capítulo 37] y admirados por T. S. Eliot o Luis Cernuda. Con John Donne como autor más destacado, los poetas metafísicos analizaban las preocupaciones que se consideran inherentes al ser humano: el amor, la muerte, el paso del tiempo o la religión. Los defensores de la inspiración, y con ella de la figura del poeta como visionario, no encontraron a sus cómplices entre los metafísicos: apostaban por la racionalidad en el argumento y la complejidad en la expresión.

Lo que Dios sabe (y el autor desconoce)

Durante un curso de literatura inglesa dictado en la Universidad de Buenos Aires, Jorge Luis Borges recogió una curiosa anécdota protagonizada por el poeta Robert Browning. Browning asistía a una reunión en la que se conversaba en torno a uno de sus poemas: unos lectores defendían un sentido, otros apoyaban otro, y etcétera. No conseguían alcanzar un significado que colmara a todos, hasta que alguien se dirigió al silencioso autor. ¿Qué había querido decir en aquel poema? Y entonces Browning, piedra angular de la poesía del XIX, contestó: «Lo escribí hace tiempo. Cuando lo hice, Dios y yo sabíamos lo que significaba. Ahora, solo Dios lo sabe».

1633
Poemas: libro póstumo de John Donne, poeta metafísico

1868-1869
Robert Browning publica *El anillo y el libro*

1968
Extracción de la piedra de la locura, de Alejandra Pizarnik

¿Existe una poesía humorística?

La poesía nos despierta lágrimas, dudas... ¿también risas? Sí. La poesía humorística posee un recorrido extensísimo, que se inicia con el epigrama de la lírica arcaica y desemboca en nuestros días, gracias a la generosa tradición de la ironía en los poetas polacos, con la eterna Szymborska —ganadora del Premio Nobel de Literatura en 1996— a la cabeza.

Por su parte, el epigrama es una composición muy breve, de tono satírico, que expresa un pensamiento ingenioso; en el período latino destacan Catulo y Marco Valerio Marcial como practicantes fieles, y en la literatura española —de la mano de Baltasar Gracián— se confunde con el aforismo [ver capítulo 24].

De la metafísica a la metaliteratura

«Yo canto. / No es invocación. / Solo nombres que regresan». Estos versos de la argentina Alejandra Pizarnik, escogidos de entre su poesía completa, miran de reojo a la poesía metafísica y se zambullen en la metapoesía. En ellos, como en tantos otros de sus textos, Pizarnik se sitúa cantando —escribiendo: con la connotación casi ancestral, emparentada con el inicio de la poesía, que suponemos a este verbo— y se somete a su responsabilidad como escritora: la de ejercer como médium, comunicando al lector las palabras llegadas no se sabe muy bien de dónde, de acuerdo con la función catártica que Pizarnik adjudicaba a la escritura. Por qué escribo y para qué escribo, parece cuestionarse la autora antes de escribir ese casi-haiku-gris [ver capítulo 18].

El prefijo «meta-» indica consecuencia —equivale a «después» o «más allá»—, por lo que de un empujón situamos a la metapoesía cerca de la poesía. En efecto: la metapoesía centra su reflexión en la poesía misma. En la escritura: su origen, su desarrollo, las dudas al escribir, las dudas al corregir. En el final del poema. En la vida del poema más allá del punto que lo cierra: en el encuentro con quien lee. En el significado del poema. En el poeta o en la poeta, por supuesto.

Una poética del cuerpo

Aunque parezca lo contrario, la poesía no siempre se ocupa de asuntos intangibles; no omito los mil y un platos de Neruda, no, y eso que él mismo rodeó el cuerpo en numerosos poemas dispuestos para el tacto. La poesía ha plasmado el deseo durante años y años y versos y versos, desde las besuconas enumeraciones que Catulo dedicó a Lesbia en el siglo I a. C. —«dame mil besos, después cien, / luego otros mil, luego otros cien, / después hasta dos mil, después otra vez cien»— hasta el auge de la poesía erótica escrita por mujeres [ver capítulo 32] durante el siglo XX, coincidiendo con su paso de objeto que inspira el poema a sujeto que lo escribe.

La biografía de Xu Hui queda ligada a la dinastía Tang, el período de mayor esplendor de la historia de China. Ya en su infancia destacó por su prodigiosa inteligencia, y pronto accedió a la corte como concubina. Cuentan que escribió en torno a mil poemas, de los cuales hoy se conservan tan solo cinco: retratos sutiles de un deseo hasta entonces poco frecuente en su expresión, en los que se echa de menos al amante. El más célebre, "Lamento en el Palacio Changmen", aborda el rechazo de la concubina favorita por parte del emperador, que ahora disfruta con otra mujer más joven y más bella. Dice la leyenda que murió de tristeza un año después de la muerte de Li Shi Min, a quien había servido.

La idea en síntesis: nada resulta ajeno a la poesía

08 El amor cortés

Chico conoce a chica. Chico ejerce como trovador [ver capítulo 5] de corte en corte, mientras chica se transforma en musa [ver capítulo 4] y a la vez en castigo. La historia de siempre, sí, porque en el concepto del amor cortés se enredan muchos de los poemas —y muchas de las historias— que todavía hoy leemos. Suele vincularse a un idioma, el occitano, y a una época, la medieval.

Antes de profundizar en el amor cortés y sus características, parece aconsejable definir qué es un tópico literario. La expresión se refiere a aquellas fórmulas enraizadas en la literatura clásica —generalmente en la de lengua latina— que, por su uso habitual en obras literarias, se han transformado en clichés: nacen de la literatura y mueren —por así decirlo— en ella. Debido a su procedencia culta se sacuden la condición de lugar común o de proverbio. En este caso, el amor cortés enlaza intensamente con uno de los más populares: la *religio amoris*, la «religión del amor», en la que el hombre se considera al servicio de la mujer a la que ama, y a la que venera como se venera a un dios.

Una relación de vasallaje

El concepto del amor cortés surge a finales del siglo XI —bajo el impulso de Guillermo IX, duque de Aquitania— en la región de la Provenza, al sureste de Francia, aunque se extenderá por todo el continente durante la Edad Me-

Cronología

siglo X	siglo XII
Primeras muestras del amor cortés en la poesía lírica provenzal	Expansión del concepto en zonas próximas (hoy Francia e Italia)

dia. Este trayecto lo demuestran testimonios fechados en el siglo XII, y recogidos en zonas próximas a la cuna del concepto. Se han conservado textos escritos en Borgoña, el reino de Sicilia o aquellas zonas con mecenas destacadas [ver capítulo 35], como Leonor de Aquitania o su hija mayor, María de Francia, condesa de Champaña. Ya en el siglo XIV, cercano el palidecer de la Edad Media, el discurso del amor cortés impregnó la poesía lírica [ver capítulo 3] del continente, según muestran versos recogidos en la poesía catalana, galaico-portuguesa y alemana, con los *minnesänger* [ver capítulo 5].

Manual de instrucciones

El proceso del amor cortés se dividiría en cuatro fases. En la primera, *fenhedor*, el trovador enamorado sufre por una pasión que no se atreve a compartir. Un silencio roto en el segundo paso, *pregador*, cuando ya ha confesado su amor a la dama, que en la tercera fase —llamada *entendedor*— ha mostrado cierta piedad al menos, con un gesto o una sonrisa para su vasallo emocional. Existe una cuarta fase que decreta el final del amor cortés, puesto que implica contacto físico: el *drutz*.

El término *amor cortés* —por su localización en la corte, frente a los amores villanos, propios del pueblo— data de finales del siglo XIX, puesto que durante la etapa de escritura se utilizaba *fin'amors* para referirse a estos poemas cargados de —en efecto— «amor puro», según el significado literal. Unos poemas en los que el trovador —el poeta que escribe sus versos; luego los recitará, o cederá el honor al juglar— expresa su amor por una dama de condición también noble. El enamorado se somete a las reclamaciones y a los deseos de la mujer —que no deja de considerarse un objeto—, en una relación de vasallaje. No

«Buena Dama, yo nada pido / sino ser vuestro servidor.»

Bernart de Ventadorn, *c.* 1130-1145 - *c.* 1190-1200

siglo XIV
El amor cortés en la poesía catalana, galaico-portuguesa o alemana

1833
El filólogo Gaston Paris estrena el término *amor cortés*

en vano, ella suele corresponderse con la señora feudal, la *midons*, que oculta a su marido —el *gilós*— las atenciones que recibe por parte del poeta.

Subgéneros

El amor cortés forma parte de la literatura trovadoresca, característica de la poesía medieval y vinculada a la escritura lírica. Distinguimos varios subgéneros: la *cansó*, o la canción con la que el trovador se dirige a su amada; y el *aube*, la llamada alborada, en la que los amantes —una vez consumado el *drutz*— son traicionados por el tiempo mismo, en forma de nuevo día, y tienen que separarse.

La interpretación

La figura de la mujer amada en el amor cortés no deja de ser una versión medieval de la musa, despojada del halo mitológico y convertida —a su vez— en predecesora de la *donna angelicata*, el símbolo de la perfección femenina del *dolce stil novo* [ver capítulo 36], heredada por el Renacimiento. El concepto del amor cortés se liga de manera directa al del amor platónico, basado en la visión que el filósofo arrojó en *El banquete*: nos enamoramos porque nos atrae la belleza en un plano espiritual, sin connotaciones sexuales. Así se comportan los trovadores, que en muchos casos se entregan al amor cortés para honrar a su propio señor, entendiendo que la alabanza a su esposa se trata de una alabanza a él mismo.

Autores

El gran teórico del amor cortés vivió en el siglo XII y gozó de los favores —materiales— de María de Francia: Andreas Capellanus resumió en *De amore* (*c.* 1174-1186) los aspectos fundamentales de esta poética, gracias a un texto que camufla como advertencia para un joven en edad de enamorarse y que se inspira en el *Ars amandi* (2 a. C.-2 d. C.) de Ovidio. La Iglesia católica tardaría casi un siglo en arremeter contra los malos ejemplos plasmados en esta obra.

En cuanto a los versos, quizá la cumbre del amor cortés se halle en el poema "La belle dame sans merci" (1424), de Alain Chartier, que inspiraría en 1819 el mítico poema de John Keats [ver capítulo 38]. Se trata de un poema extensísimo, compuesto por un centenar de estrofas, en el que el trovador y la mujer amada dialogan sobre lo divino y lo humano, con una particularidad: la voz femenina se aleja de los cánones del concepto, ya en declive frente a los discursos renacentistas que empiezan a intuirse. Algunos años antes —entre 1361 y 1365—, el prolífico Guillaume de Machaut comenzará a recitar "Le Voir Dit", considerada también otra de las muestras más estimables del género, dentro de su anchísima producción.

Eso sí, no conviene a olvidar a los pioneros del siglo XII: Jaufré Rudel, el Príncipe de Blaye, protegido de Leonor de Aquitania y enamorado de una princesa a la que jamás conoció, y por cuya ausencia moriría; el humilde Marcabrú, que trovó en las cortes de Poitiers y León; Bernart de Ventadorn, que toma su apellido de su señor —y de cuya esposa se enamoró—, y de quien conservamos una quincena de poemas con música original; o Peire Vidal, sobre quien Martín de Riquer aseguró que se trataba de un poeta «rebosante de ingenio y agudeza».

La idea en síntesis: la versión lírica y medieval del amor platónico

09 Los ideales del Renacimiento

¿Con qué soñaba un poeta del Renacimiento? Con construir un discurso innovador—un «renacimiento» artístico— sin olvidar los orígenes del arte, la época clásica. Tomando las culturas griega y romana como modelo, los poetas de los siglos XV y XVI se aprendieron bien los versos de Virgilio u Horacio, y extrajeron de ellos los cuatro ideales que vertebrarían sus textos.

Gran parte de la poesía del Renacimiento se articula en base a cuatro tópicos [ver capítulo 8]: el *beatus ille*, «dichoso aquel...», o disfruta la vida sencilla; el *carpe diem*, «aprovecha el momento», o no malgastes tus horas en aquello que no te hará feliz; el *locus amoenus*, «el lugar idílico», o encuentra un espacio de seguridad y calma; y el *tempus fugit*, «el tiempo huye», o no dejes escapar ninguna ocasión.

El contexto

Para establecer el contexto de estos cuatro tópicos regresaremos una vez más a nuestro entorno: Europa. La sociedad de la Alta Edad Media se basa en el feudalismo y los estratos sociales —nobleza, clero y pueblo—, con una jerarquía firme e inexpugnable, que en el Renacimiento asentará una clase media: la burguesía. Quedan atrás —por unos años— las guerras y las plagas, y la devoción se centra en la parte

Cronología

29 a. C.
Virgilio escribe las *Geórgicas*

23-13 a. C.
Se publican los distintos volúmenes de *Odas* de Horacio

más humana de Dios. El Renacimiento es la época del humanismo, de la educación y de las ciencias, del arte y de la literatura. Dejemos que se entusiasmen —y respiren tranquilos— durante unos siglos, y que quienes escriben durante ellos sueñen con cuatro ideales.

Beatus ille

Este tópico constituye una alabanza a la sencillez; un canto a las pequeñas cosas que idealiza la vida rural frente a los excesos de las cortes y las villas. De hecho, surge de unos versos que Horacio concibe como una crítica a quienes optan por la riqueza material frente a la riqueza del espíritu, mucho más edificante. Con el *locus amoenus*, origina el subgénero lírico de la égloga: un monólogo o diálogo pastoril en el que el poeta asume el papel de pastor idealizado, y reflexiona sobre sus sentimientos.

> **«Dichoso el que de pleitos alejado, / cual los del tiempo antiguo, / labra sus heredades, no obligado / al logrero enemigo.»**
>
> **Horacio, 65-8 a. C., traducido por fray Luis de León**

En la poesía española, el tópico quedó reflejado en las obras de fray Luis de León, traductor además del propio Horacio y de Virgilio.

Carpe diem

Las *Odas* horacianas contienen los versos que originan el tópico del *carpe diem*, e incluso un refrán que nos sonará de las advertencias de nuestros mayores: «No dejes para mañana lo que puedas hacer hoy».

> **«Aprovecha el momento, no confíes en mañana.»**
>
> **Horacio**

1527 (o 1528)
Nace fray Luis de León, poeta y traductor de Horacio y Virgilio

1543
La obra de Garcilaso, apéndice de las *Obras* de Juan Boscán

Horacio

Con Virgilio —autor de la *Eneida*, las *Bucólicas* y las *Geórgicas*—, el poeta latino Horacio inspiró los cuatro ideales que guiaron a los creadores renacentistas. Su figura propone un curioso choque, más que encuentro: entre su faceta como poeta lírico, observador de los paisajes ideales, y su obra satírica, sin piedad con los analizados. Horacio promovió el epicureísmo, un movimiento que abogaba por la búsqueda de la felicidad y los placeres, inspirado en el discurso del filósofo ateniense Epicuro de Samos (siglo IV a. C.). Horacio estudió en Roma y en Atenas, y vivió con modestia. Su obra abarca dos períodos de escritura: el primero tiene que ver con la escritura social —y en él aparece ya el tópico del *beatus ille*—, y la lírica se desarrolla en el segundo, reflejando ya los principios del *carpe diem*.

Esta locución, quizá la que más interpretaciones diferentes ha suscitado a lo largo de la historia —según el tono y la preocupación de cada época—, empuja justo a eso: a exprimir cada minuto como si fuera el último. Se vincula al *tempus fugit*, por su conciencia de que el tiempo no perdona y la muerte espera, y a otro tópico: «*collige, virgo, rosas*», o «niña, coge las rosas antes de que se marchiten». Su defensa de la vitalidad nos brindó un hermosísimo poema de Walt Whitman, popularizado gracias a la película *El club de los poetas muertos* (1989).

Locus amoenus

Antes de la tan cacareada zona de confort, los poetas clásicos —de Homero a Virgilio— ya gozaban de un espacio ideal en el *locus amoenus*. El «lugar agradable» —traducción literal— se dispone para la felicidad y para la alegría, para el goce: un paraíso en la tierra que en la mayoría de las ocasiones coincide con un bosque edénico, en conexión con el tópico del *beatus ille*.

Aunque en la Edad Media existen menciones a este tópico —en el poema épico anglosajón *Beowulf* (*c*. siglos VIII-

«Cerca del Tajo, en soledad amena, / de verdes sauces hay una espesura / toda de hiedra revestida y llena.»

Garcilaso de la Vega, *c.* 1501-1536

XII d. C.) o en los *Milagros de Nuestra Señora* (*c.* 1260), de Gonzalo de Berceo—, su presencia literaria se amplía en el Renacimiento gracias a poetas como Garcilaso de la Vega. Una interpretación curiosa del *locus amoenus* se da en los poemas en prosa [ver capítulo 21] de la uruguaya Marosa di Giorgio, fronterizos entre géneros, y en los que el propio espacio se convierte en personaje.

Tempus fugit

«Pero mientras tanto huye, huye el tiempo irremediablemente.»

Virgilio, 70-19 a. C.

De la mano del *carpe diem* y su defensa de la necesidad de actuar antes de que el tiempo pase, y perdamos la oportunidad, gozando de los buenos momentos que nos brinda la vida, aparece el *tempus fugit*: justo ese tiempo que se escapa, que huye y que vuela, tal y como expresó Virgilio en las *Geórgicas*. Este tópico —que se inscribía de forma habitual en los relojes de sol— se hizo fuerte en la poesía en nuestra lengua, desde su aparición en las *Coplas por la muerte de su padre*, de Jorge Manrique, a su reflejo en los versos de los dos archienemigos de nuestro Siglo de Oro: Luis de Góngora y Francisco de Quevedo [ver capítulo 37]. El *tempus fugit* ha logrado trascender la poesía, con su presencia en obras cinematográficas y pictóricas.

La idea en síntesis: la poesía renacentista miró al hombre

10 ¿Qué es el verso?

No existen recetas para identificar —o escribir— un buen poema. Desconfía si encuentras un manual en el que, al estilo de los recetarios de cocina, te indiquen que añadas medio kilo de metáforas o una cucharada de rimas. Confía en la lectura de los clásicos, atiende a los genios de tu tiempo... pero no omitas la técnica, el molde en el que cuajan los textos. En poesía, ese molde básico se llama verso.

La RAE define *verso* como «palabra o conjunto de palabras sujetas a medida y cadencia, o solo a cadencia». Atención a esas claves: lenguaje y música y reglas que las rigen, hasta cierto punto o hasta cierto siglo. «También en sentido colectivo», puntualiza la academia, el verso existe «por contraposición a prosa». Ya te hemos contado que durante milenios las manifestaciones literarias solían plasmarse o recitarse en verso, y que en la Grecia clásica se denominaba «poeta» a todo aquel que escribiera, con independencia de la materia a la que se dedicara.

El verso —el «conjunto de palabras» que lo nutren— se alzaba, de esta manera, como la medida ideal para la literatura: una forma gráfica —por así decirlo, puesto que el verso no solo suena: se ve— que implicaba excelencia y creatividad. Y el verso se asocia, tras la separación cada vez más firme de los géneros literarios —unidos a la poesía desde sus orígenes [ver capítulo 2]—, al poema como expresión habitual, aunque el género poético también abarque propuestas

Cronología

siglo III a. C.	siglo III
Livio Andrónico utiliza el verso más antiguo de la métrica latina: el saturnio	La métrica acentual desplaza en latín a la cuantitativa

El verso blanco

Por «versos blancos» entendemos aquellos que, en un poema de métrica definida, no presentan rima. No se trata de una excepción, igual que ocurre en el verso suelto, sino de una norma. ¿Un ejemplo cercano? El *Arte nuevo de hacer comedias en este tiempo* (1609), de Lope de Vega, compuesto en endecasílabos blancos. ¿Otro que no lo es tanto? *Ulysses* (1833), del británico Alfred Tennyson.

como el poema en prosa [ver capítulo 21] o la prosa poética [ver capítulo 22].

¿Qué es un metro? En algunas ocasiones escucharás o leerás el término *metro* utilizado como sinónimo de «verso». Ni sí, ni no: en teoría, el metro refleja la medida de un *verso*, lo que implica el verso mismo; se trataría de una metonimia [ver capítulo 25]. De este vocablo surge la métrica, esa disciplina que trabaja con la medida y la estructura de los versos y sus distintos tipos y formas. La métrica es la matemática de la poesía: gracias a ella —y también gracias a las figuras literarias [ver capítulo 25]— obtenemos la música del poema y logramos imprimirle el tono que suena en nuestra cabeza mientras lo pensamos. El verso se compondría de dos pasos diferentes: por una parte el número de sílabas, y por otra la acentuación de sus palabras.

Ten en cuenta que un verso no es una unidad de sentido: puede que contenga parte de un enunciado. Acércate a él —más bien— como a una unidad de ritmo, porque la poesía es palabra, pero también música e imagen, o como a una unidad métrica: la más pequeña del poema. Los versos se agrupan en estrofas [ver capítulo 15], y estas a su vez «generan» el poema [ver capítulo 17], que se considera la unidad superior del género. Por cierto: no parece muy ortodoxo

c. 1554

Henry Howard traduce *La Eneida* en verso blanco

1929-1930

Lorca y su *Poeta en Nueva York* en verso libre

El verso libre o versículo

El verso libre suele figurar como equivalente del verso suelto. Le concedemos vida propia, puesto que entendemos que se inscribe en un poema que desobedece las normas de la métrica y la rima. Su disposición tipográfica lo acerca al poema en prosa y a la prosa poética. Lo utilizó Federico García Lorca [ver capítulo 42] en *Poeta en Nueva York* (1929-1930), y marca la poesía a partir del siglo XX.

considerar el verso como la «línea» de la poesía, pero lo aceptamos si el símil te ayuda a fijar el concepto.

Cómo medir un verso

¿Recuerdas tus clases de literatura? En ese caso, seguro que este gesto te resulta familiar: alguien declama un verso recreándose en cada sílaba, marcando un segundo de silencio entre una y otra, puede que tamborileando en el pupitre con los dedos o el puño. Los versos se miden por sílabas, por golpes de voz: un verso se compondrá de tantas sílabas como golpes de voz escuches al recitarlo.

Cuando la última palabra de un verso sea aguda —u oxítona—, es decir, cuando el golpe de voz —el acento de intensidad o la sílaba tónica, por emplear un lenguaje más técnico y fiel— recaiga en la última sílaba, deberás sumar una más al cómputo total. Si la última palabra del verso es llana —o paroxítona—, el número de sílabas permanece tal y como lo calculaste. Y en el caso de que el verso finalice con una palabra esdrújula —o proparoxítona—, tocaría restar una sílaba a tus cuentas. Aunque te parezca sencillo, no cantes victoria todavía, porque hay excepciones: las que posibilitan los recursos métricos [ver capítulo 12].

La herencia clásica

Si te interesa la arqueología literaria, seguro que te apetece echar un vistazo a los distintos tipos de versos de las tradiciones griega y latina, diferentes de la clasificación actual

«Deshaced este verso. / Quitadle los caireles de la rima, / el metro, la cadencia / y hasta la idea misma. / Aventad las palabras, / y si después queda algo todavía, / eso, / será la poesía.»

León Felipe, 1884-1968

[ver capítulo 11], por mucho que la métrica española haya adoptado algunos términos. Esta tipología suele depender del número de sílabas, sí, pero también de la temática sobre la que verse —casi nunca mejor dicho— su contenido.

De un lado, los versos que nos permiten imaginar a los poetas de la Antigüedad recurriendo a sus dedos como a un ábaco; no olvides, eso sí, que no se guiaban por sílabas sino por pies: partes compuestas por varias sílabas. Se trata de métrica cuantitativa, no acentual. En este caso, entre muchos otros, el verso ropálico es aquel en el que cada palabra suma una sílaba con respecto a la anterior; al verso cataléctico le faltaba una sílaba, y el verso ecoico repetía las dos últimas.

Y del otro, el tipo de verso que apela no tanto a cómo se cuenta, sino a lo que se cuenta: por ejemplo, el verso amebeo, que se utilizaba para la expresión de los pastores en las églogas; o el fescenino, proveniente de la ciudad de Fescenio —en la antigua Etruria—, y al que se recurría para la poesía de carácter obsceno.

El verso suelto

Quizá hayas escuchado la expresión «ser un verso suelto»: se refiere a alguien que rompe con la norma y va por libre. Ocurre igual en este tipo de metros. Llamamos «verso suelto» a aquel verso que, en una composición perfectamente medida —sílabas justas, rima precisa—, mantiene la constancia métrica pero no rima. Clásicos españoles como Boscán o Garcilaso [ver capítulo 19] experimentaron con él.

La idea en síntesis: el verso es la unidad mínima del poema

11 Tipos de versos

Quizá pensaras que refugiándote en la poesía quedarías libre de cifras, pero nada más lejos: el verso es el resultado de la suma de sílabas y acentos. Dominar esta aritmética particularísima nos permite exprimir los recursos del poema, si escribimos, y admirar —aún más— la inteligencia de los maestros cuando los leemos. De sílabas y acentos dependen los distintos tipos de versos.

En un manifiesto que consideraba «ni fructuoso ni oportuno», y que concibió a modo de poética, el escritor nicaragüense Rubén Darío [ver capítulo 41] se preguntaba: «¿Y la cuestión métrica? ¿Y el ritmo?». Pocos poetas en nuestro idioma han respondido con tanta firmeza a estas cuestiones, y han combinado con tanta brillantez la preocupación técnica con la capacidad estética. «Como cada palabra tiene un alma —continuaba el autor de *Azul*...— hay en cada verso, además de la armonía verbal, una melodía ideal. La música es solo de la idea, muchas veces».

Por contestar también a Rubén Darío, diríamos que la cuestión métrica la deciden el metro y el verso, y que en el ritmo influyen tanto el número de sílabas que ocupe como los acentos en los que insista. Dependiendo de estos elementos, manejamos dos grandes criterios para agrupar los tipos de versos que se emplean en la poesía en lengua castellana.

Cronología

siglo XIII

Libro de Alexandre, escrito en alejandrinos

1421

"Gentil dona, gentil dona": la transcripción más antigua de un romance

Los versos más habituales en castellano

En nuestra lengua, los versos más habituales son el heptasílabo y el octosílabo, en cuanto al arte menor, y el endecasílabo y el alejandrino, en cuanto al arte mayor. El heptasílabo hunde sus raíces en la poesía medieval [ver capítulo 35], además de posibilitar el alejandrino —gracias a la suma de siete sílabas más siete sílabas—, y los otros tres se vinculan en origen a un tipo de poema concreto: el octosílabo, al romance [ver capítulo 20]; el endecasílabo, al soneto [ver capítulo 19]; y el alejandrino, a la cuaderna vía. El alejandrino se convirtió también en el verso predilecto de románticos y modernistas, seducidos ambos por sus posibilidades inagotables para la música.

Los tipos de versos según el número de sílabas

Cuando nos fijamos en el número de sílabas que componen un verso, existen dos grandes divisiones: versos de arte menor y versos de arte mayor, separados a su vez en versos simples y versos compuestos.

Consideramos versos de arte menor aquellos que tienen ocho sílabas o menos: esta clasificación incluye los versos bisílabos (dos sílabas), trisílabos (tres), tetrasílabos (cuatro), pentasílabos (cinco), hexasílabos (seis), heptasílabos (siete) y octosílabos (ocho). En un esquema métrico y de rima, se representan con minúscula: seguro que te suena haber visto algún *abba* o *cdc*.

En la categoría de versos de arte mayor —desde nueve sílabas— distinguiríamos entre los versos simples y los compuestos: los versos simples de arte mayor se arman con un único tramo, y en los compuestos pueden señalarse dos

1526
El endecasílabo llega a España con Navagero

1888
Se publica *Azul...*, del modernista Rubén Darío

Las vidas del endecasílabo

El encuentro granadino entre el embajador veneciano Andrea Navagero y el poeta castellano Juan Boscán permitió la importación de gran parte de las propuestas de la poesía italiana, con el soneto y el endecasílabo a la cabeza. Desde entonces, gracias al buen hacer de autores como Boscán o Garcilaso de la Vega, el endecasílabo es uno de los versos más utilizados en nuestra lengua, con tanto predicamento entre nuestros clásicos como entre los poetas más recientes. Pero el endecasílabo es uno… y es muchos. Existe el endecasílabo enfático, con acentos [ver capítulo 14] en la primera, sexta y décima sílabas; el heroico, con acentos en la segunda, sexta y décima sílabas; el melódico, con acentos en la tercera, sexta y décima sílabas; o el sáfico, con acentos en la cuarta, sexta u octava y décima sílabas.

«Yo quería entrar en el teclado para entrar adentro de la música para tener una patria.»

Alejandra Pizarnik, 1936-1972

diferentes, como si se tratara de la suma de dos versos de arte menor. Esa pausa o cesura —el espacio imaginario que separa el verso en dos partes— se llama hemistiquio. En los dos casos recurren a la mayúscula en los esquemas métricos y de rima: a diferencia del arte menor, se expresaría como *ABBA* o *CDC*.

Existen tres tipos de versos simples de arte mayor: eneasílabos (nueve sílabas), decasílabos (diez) y endecasílabos (once). El abanico se amplía con los versos compuestos: inicialmente dodecasílabos (doce sílabas), tridecasílabos (trece), alejandrinos (catorce). A partir del siglo XX, con el empleo del verso libre o versículo, la extensión del verso crece hasta superar los límites de las catorce sílabas. En este caso, se nombran como «versos de x [quince, dieciséis, etcétera] sílabas», o siguiendo el esquema habitual: pentadecasílabo, hexadecasílabo… Por lo general, en los versos compuestos de arte mayor existe un hemistiquio, pero su extensión puede originar tres o incluso más pausas. Cuando la cesura divide el verso en partes desiguales, cada una de ellas recibe el nombre de heterostiquio.

Los tipos de versos según el acento

Las cuestiones relativas a la acentuación del verso merecen un espacio aparte [ver capítulo 14], pero te avanzaremos que en este nuevo esquema sobre los tipos de versos no influye el número de sílabas, sino el lugar del verso en el que recaigan los acentos: los golpes de voz. Su nomenclatura se inspira en aquella que en gramática clasifica las palabras según la posición de la sílaba tónica.

Es decir: en nuestro idioma existen palabras agudas u oxítonas, cuando el acento figura en la última sílaba; palabras llanas o paroxítonas, con el acento en la penúltima sílaba; y palabras esdrújulas o proparoxítonas, con el acento en la antepenúltima sílaba, llamándose sobresdrújulas o superproparoxítonas si recae en la sílaba anterior a la antepenúltima. De esta manera, consideramos oxítono a un verso que finaliza en palabra aguda u oxítona; paroxítono a un verso cuya palabra última es llana o paroxítona; y proparoxítono en el caso de que la palabra con la que termina sea esdrújula o proparoxítona. Se trataría de un verso superproparoxítono cuando la palabra final del verso fuera sobresdrújula o superproparoxítona, un hecho posible aunque excepcional.

La idea en síntesis:
los versos se clasifican según sílabas o acentos

12 Recursos métricos

Ya hemos comprobado que el secreto de gran parte de la música del verso lo desvelan tanto el cómputo de sílabas como el lugar que ocupen en ellas los acentos, y conocemos también algunos trucos de sumas y restas al total según la fuerza con la que termine el verso. La poesía permite las trampas, siempre y cuando se justifiquen para alcanzar un determinado número de sílabas.

Existen cuatro fenómenos que inciden en el número total de las sílabas que componen el verso, y que con su utilización nos permiten resolver aquellos problemas a los que nos enfrentamos cuando queremos escribir poesía respetando la métrica clásica, o identificar las soluciones que han escogido los poetas para solventar estas mismas cuestiones. Se les llama recursos métricos —muchos de ellos con espejo en disciplinas como la fonología, la lingüística e incluso la química—, y se unen a aquellos casos que ya conocimos al profundizar en el verso [ver capítulo 10]. Cuando un verso finaliza con una palabra aguda, se suma una sílaba, y si termina en esdrújula o sobresdrújula, se resta; si la última palabra es llana, permanece tal cual.

La sinalefa

Se trata del recurso más habitual: suele darse de forma inconsciente, y por ello tendrás que prestarle atención al medir los versos que has leído o escrito, porque quizá se te escape. La sinalefa permite considerar como una sola síla-

Cronología

1612

Una diéresis resuelve la gongorina *Fábula de Polifemo y Galatea*

1876

Mallarmé publica *La siesta del fa* sin tocar ningún órgano métrico

«Hasta ahora era preciso el acompañamiento de los grandes órganos de la métrica oficial. ¡Pues bien! Los hemos tocado en demasía, y nos hemos cansado de ellos.»

Stéphane Mallarmé, 1842-1898

ba —a efectos métricos— aquellas que se pronuncian con un único golpe de voz, aunque pertenezcan a palabras diferentes. Esto ocurre cuando una palabra finaliza en vocal, y la siguiente comienza con vocal también. Hay excepciones, que te explicaremos en breve.

Atendamos a estos versos de María Victoria Atencia, poeta entre generaciones: la del 50 por cronología, y la del 70 por fecha de publicación de su obra. «Intento abrir el negro paraguas de mi padre / debajo de la cama, sin poder conseguirlo / porque voy tropezando con zapatos y botas». Distinguirás que son versos blancos, sin rima y con métrica, la del alejandrino; escucharás los dos hemistiquios, correspondiente cada uno a un heptasílabo. Pero te habrás fijado sobre todo en la sinalefa del primer verso: «in-ten-toa-brir-el-ne-gro-pa-ra-guas-de-mi-pa-dre».

El hiato

Consideramos «hiato» al encuentro de dos vocales que pertenecen a sílabas distintas, pese a aparecer de manera contigua: se trata del «reverso» de la sinalefa, del recurso que la desharía. ¿Cuándo ocurre el hiato? Al coincidir dos vocales abiertas («a», «e» u «o»), una vocal abierta con una cerrada tónica o tildada («í» y «u») o dos vocales cerradas iguales («ii» y «uu»). Portazo a la métrica, y nos asomamos a la ortografía: los hiatos siempre se tildan —se marcan, por ello— según las reglas.

1912

Una sinéresis marca el ritmo en "La tierra de Alvargonzález", de Antonio Machado

1976

María Victoria Atencia publica *Los sueños*

Existen tres tipos de hiatos: el simple, resultante del encuentro de dos vocales abiertas o dos vocales cerradas iguales; el acentual, entre una vocal abierta con una cerrada con tilde, o viceversa; y el esporádico, en el que el poeta fuerza el adiptongo —el otro nombre, menos habitual, que recibe este fenómeno— aunque no exista una justificación ortográfica evidente. El breve verso «Marea alta», de la poeta Blanca Sarasua —que nació en 1939 y no publicó su primer libro hasta 1984—, contendría un ejemplo de hiato simple, con ese encuentro entre sílaba con vocal final y sílaba con vocal de apertura: «Ma-re-a-al-ta».

La sinéresis

Los dos recursos métricos que trataremos a continuación, la sinéresis y la diéresis —una y otra cara de un fenómeno, con dos intenciones bien distintas—, poseen una condición más artificiosa que los dos anteriores: buscan cortar por lo sano con las dificultades que se nos presenten al «cuadrar» sílabas y versos. La sinéresis permite unir dos vocales abiertas («a», «e» y «o») que normalmente se pronunciarían en sílabas distintas, dentro —a diferencia de la sinalefa y el hiato, relativos al enlace de dos palabras diferentes— de un mismo vocablo. Generoso en sinónimos —también se conoce como «sinieresis», «sinícesis» y «sinecfónesis»—, este fenómeno deshace el hiato dando lugar a un diptongo artificial, mediante la pronunciación débil —más relajada— de una de las dos vocales.

Nos detenemos como ejemplo en unos versos de Cecilia Domínguez Luis, prolífica poeta que ha atendido también a la novela y el relato: «Como a otro mar / que un día / depositó en tu orilla / su deseo». El último verso es un tetrasílabo, pero... ¿qué ocurriría si necesitásemos reducirlo a tres síla-

Vocales abiertas y cerradas

Para entender algunos de estos fenómenos debes tener clara la diferencia entre las vocales abiertas —también llamadas fuertes— y cerradas —débiles—. De las cinco vocales del idioma castellano, tres de ellas se consideran abiertas («a», «e» y «o») y dos cerradas («i» y «u»). Por cierto: leerás alusiones al «diptongo», la pronunciación en una sola sílaba de dos vocales diferentes.

bas, para mantenernos fieles a una estructura métrica determinada? La sinéresis nos lo permitiría: «su-de-seo».

El verso guía

Más ases poéticos en la manga: muchos poemas clásicos establecen un verso guía —o varios—, que permanece fiel a su métrica sin recurrir a todos estos fenómenos que hemos reseñado. También recibe el nombre de «verso limpio».

La diéresis

Seguro que has utilizado en más de una ocasión el signo ortográfico de la diéresis («¨»), ese sombrero que viste la «u» cuando debe pronunciarse en las sílabas «gue» y «gui». Es por ello que te sonará —nunca mejor dicho—, aunque se trate de una situación muy diferente. La diéresis permite separar las dos vocales de una sílaba, generando dos sílabas distintas; es decir, ganando una sílaba para su particular cómputo. A diferencia de la sinéresis, la diéresis sí se marca con un signo gráfico concreto que ya conoces: «¨». Se coloca en la primera de las vocales del diptongo.

Se trata de un fenómeno arcaico, por lo que para fijarnos en alguna muestra debemos realizar una particular investigación poético-arqueológica. O no tanto: resulta habitual en poetas áureos como Luis de Góngora [ver capítulo 37]. La utiliza en su *Fábula de Polifemo y Galatea*, donde leemos: «Cuantas produce Pafo, engendra Gnido, / negras vïolas, blancos alhelíes, / llueven sobre el que Amor quiere que sea / tálamo de Acis y de Galatea». Sin la diéresis, el segundo verso sería un decasílabo, y rompería la tirada de endecasílabos. Por fortuna, con este recurso vuelven las aguas a su cauce: «ne-gras-vï-o-las-blan-cos-al-he-lí-es».

La idea en síntesis: si el verso no encaja, existen recursos

13 La rima

Cierra los ojos y deja que alguien ceda su voz al poema que tenías entre manos. ¿Qué distingue este texto del fragmento de una novela o el artículo que leíste ayer en el periódico? En efecto: la música. La música de la poesía, distinta a la música de los otros géneros literarios, y propiciada desde antiguo por el uso de la rima. Un recurso algo olvidado hoy, pero que funcionó durante siglos.

Ese mismo consejo lo brinda Sharon Olds a los alumnos de sus clases de escritura creativa: cierra los ojos y escucha el poema. La poeta y profesora estadounidense solicita a su alumnado que se presente así ante sus compañeros: que escojan su poema de cosecha propia favorito, que hagan las copias suficientes para todos, y que reciten antes de dejar que todos lean por sí mismos. Que la presentación de cada cual, de los textos de cada cual, la ejerza la música del poema, la manera en la que se escucha: de la misma forma en la que en la Antigüedad nos conocíamos.

¿Qué es la rima?

La RAE define la rima como «identidad de sonidos vocálicos y consonánticos, o solo vocálicos, a partir de la última vocal acentuada en dos o más versos»; de manera significativa, la segunda acepción apela a una «composición en verso, del género lírico». Frente a la disposición versal o el aspecto métrico, que nos dejan una impresión gráfica más evidente, el carácter de la rima es sonoro en esencia; no en vano, proviene del griego ῥυθμός, *rythmó*, que significa «ritmo». Tampoco debemos omitir que —en

Cronología

siglo VI a. C.	siglo XIV
Ejemplos de *homoiotéleuton*, antecedente de la rima	Antonio de Guevara recurre al *homoiotéleuton* en su prosa

cierto modo— la rima señala el final del verso: a quienes no leen el poema, sino que lo escuchan recitando, les permite «dibujar» en su mente la forma del poema.

Rythmós se convierte en *rima* por la vía del latín (*rhythmus*), primero, y por la del occitano antiguo (*rima*), más tarde. No será hasta aquella época, la medieval, la de los trovadores provenzales [ver capítulo 35], cuando la rima asuma una posición vertebral en la construcción del poema. Hasta entonces, en la poesía clásica únicamente se manejaba el concepto de *homoiotéleuton*: un antecedente de la rima tal y como la conocemos hoy, pero que se plasmaba en la coincidencia de los sonidos finales en dos o más palabras. Este concepto se ha terminado incorporando a la retórica.

Por supuesto: si se trata de un verso suelto o blanco [ver capítulo 10], no existe rima que valga. Lo señalaría Perogrullo, y nos unimos. La rima de un verso depende... del resto. Y un consejo: rimar no consiste en repetir la misma palabra.

La rima según su acento

Para clasificar este tipo de rima conviene asomarse de nuevo a las páginas anteriores, en especial a aquellas relativas al verso [ver capítulo 10] y su tipología [ver capítulo 11]. ¿Te suenan calificativos como «oxítono», «paroxítono» o «proparoxítono»? Seguro que sí, porque los has leído a propósito tanto de las palabras como de los versos. Ahora regresamos a ellos para distinguir entre los tipos de rima según el lugar que ocupe en ella el acento. Para identificar-

«El primer contacto verbal de un ser humano con otro fue a través del oído.»

Sharon Olds, 1942

siglo XV

Sirat Antar, novela árabe de caballería escrita en prosa rimada

siglo XVII

John Milton rechaza la rima

Otros tipos de rima

Existen otros tipos de rima que —como hemos visto— no resultan excluyentes entre sí, sino que vienen a enriquecer tanto el análisis como la construcción del poema, dependiendo del caso. En la rima abrazada, que sucede principalmente en las estrofas de cuatro versos, el primer verso rima con el cuarto, y el segundo con el tercero; en la cruzada, también habitual en las estrofas de cuatro versos, los versos impares riman con los impares, y los pares riman con los pares. La rima continua se mantiene durante toda la estrofa o durante todo el poema. En la rima interna, los sonidos que riman al final del verso se repiten también en su interior, generalmente marcando el final del primer hemistiquio [ver capítulo 11], como es el caso de la rima en eco. Existe la rima encadenada cuando en todo el poema riman los versos impares entre sí, y los pares entre sí. La rima gemela o pareada se da en los casos en que los versos riman en pareado [ver capítulo 15]: el primero con el segundo, el tercero con el cuarto, el quinto con el sexto... Y se llama rima de perceptibilidad degradada a aquella en la que la posición del acento final del verso no coincide.

la, fíjate en la última palabra de los versos que riman. Si se trata de una palabra aguda, la clasificaríamos como rima oxítona o aguda; si es llana, como paroxítona o llana; si es esdrújula, como proparoxítona.

La rima según su sonido

Lo llamamos sonido, lo llamamos también timbre: el efecto que los versos producen cuando los escuchamos. En este sentido, contemplaríamos dos grandes grupos: la rima consonante y la rima asonante.

La rima consonante es aquella en la que los fonemas —la unidad fonológica menor—, tanto consonánticos como vocálicos, coinciden por completo a partir de la última vocal acentuada. También recibe el nombre de total o perfecta. Encontrarás una muestra en estos versos de María de los Reyes Fuentes, poeta y fundadora de la revista *Xbiliah*: «Qué claridad la de estas soledades. / Por ellas bien me anido y no me empeño / en descubrir otras divinidades / que las de la unidad en que me adueño». En esta estrofa, el cuarteto primero de un soneto, riman en consonante los versos primero con tercero, y segundo con cuarto. Puesto que para fijar este tipo de rima nos guiamos por el sonido y no por la grafía, también consideramos que riman en consonante aquellos versos en los que no coincidan las letras, pero sí la percepción fonética.

En el caso de la rima asonante, los sonidos que coinciden a partir de la última vocal que se acentúa en el verso —y que forman la rima, por tanto— son los vocálicos. Es por ello que esta rima se conoce también como vocálica, imperfecta o incluso parcial. Como ejemplo, leamos estos versos de María Beneyto, significativa poeta de la generación del 50, uno de los nombres fundamentales de la escritura social española: «[…] Dejé el hogar con apagados troncos / cansada de ser solo estela de humo / que prolongase así mi ser ardido. / Esa mujer del hueco tibio / que allí me contenía, / se despertó del sueño profundo de la especie / y decidió buscar, a plena luz, caminos […]». En este fragmento, Beneyto combina heptasílabos, eneasílabos, endecasílabos y alejandrinos, sin seguir un esquema métrico fijo, y apuesta por una ocasional rima asonante, basada en las vocales «i» y «o».

La idea en síntesis: la rima marca la música del poema

14 El ritmo

La poesía se arma en la palabra, y desde ella se expande hacia dos objetivos: la imagen, o lo que dibuja el poema, y la música, o lo que se escucha en el poema. El primero lo forjan las metáforas [ver capítulo 25], y en el segundo se desenvuelven la rima [ver capítulo 13] y el ritmo. Dos elementos nacidos de la misma raíz, simbólica y etimológica, y que se apoyan en recursos diferentes.

Si en el capítulo anterior te contábamos que la palabra *rima* madura desde el griego *rythmós*, ahora nos centramos en una deriva más explícita: *ritmo*, el significado literal de la voz clásica. Las tres acepciones que baraja la RAE nos desvelan aspectos de esta pieza fundamental de la métrica, que guarda relación con un «orden acompasado», gracias a una «sensación perceptiva producida por la combinación y sucesión regular de sílabas, acentos y pausas en el enunciado», y por la «proporción guardada entre los acentos, pausas y repeticiones de diversa duración en una composición musical». Al fin y al cabo, sabemos que la poesía transmite música: es música. Y de eso trata el ritmo.

Elementos del ritmo

El ritmo en la poesía se construye gracias a varios elementos de la lengua que cumplen una determinada función, o sobre los que se actúa para modificarla y adecuarla a lo que deseamos: el acento [ver destacado], la entonación, la estrofa [ver capítulo 15], la pausa [ver destacado], la sílaba y el verso [ver capítulo 10]. La **entonación** nos permite

Cronología

siglo IV a. C.	1588
Aristóteles alude al ritmo en su *Poética*	Blaise de Vigenère traduce los *Salmos* en verso libre

entender el poema —la poesía— como un fenómeno sonoro, más allá de su relación gráfica con lo impreso: no deja de ser la música con la que orientamos la declamación. Por su parte, según el diccionario académico, la **sílaba** es una «unidad de la lengua compuesta por uno o más sonidos articulados que se agrupan en torno al de mayor sonoridad», una vocal en la mayoría de ocasiones. Te recordamos que la poesía castellana recurre a la sílaba como unidad de medida, a diferencia de otras tradiciones, que se rigen por pies y golpes de voz.

El acento

El acento gramatical marca —con la duración, la intensidad o el tono— la insistencia al pronunciar una sílaba, y funciona también así en el verso: propiciando el ritmo al subrayar, sobre el resto, una sílaba concreta. De esta forma, en combinación con la métrica y la rima, se forma la música del poema. En cuanto a la cuestión que nos atañe, la del ritmo, se distingue entre dos tipos de acento: el métrico y el prosódico. El acento métrico alude a la posición de ese acento —de la sílaba en la que recae la fuerza— en el verso, y el acento prosódico define tanto los que permiten que una frase se divida en palabras, como el oracional que atañe a la oración completa y su entonación.

Clases de ritmos

La clasificación del ritmo según su tipología escucha dos criterios: el elemento del poema en el que se centran para potenciar la música del texto, y los mecanismos que se desarrollan para conseguirlo. El **ritmo lingüístico** se trabaja mediante la insistencia en las unidades lingüísticas: desde las palabras, las más pequeñas con sentido propio, al poema completo. En este punto intervienen los grupos acentuales —también llamados de intensidad—, los fónicos y su distribución. Existe otro concepto, el del **ritmo del pensamiento** o **ritmo semántico**, que apela a las sensaciones que nos recrea la comprensión de las ideas: el entender lo que quiere decir el poema, y lo que quiere decir gracias a las figuras literarias [ver capítulos del 25 al 28], a la repetición de frases o palabras, etcétera. Se

1950

Dámaso Alonso publica *Poesía española: ensayo de métodos y límites estilísticos*

1975

Las unidades de la entonación, de Antonio Quilis

contempla también la existencia de un tercer grupo: el **ritmo versal**, referente —obvio— al verso. A él debemos acercarnos desde dos lugares: el relativo a la poesía con métrica, y el del verso libre.

La pausa

En lingüística y en música, la pausa tiene que ver con el momento en el que el sonido se detiene: la fonación en el discurso, los instrumentos o las voces que callan. También ocurre así en el ritmo, donde la pausa se marca tanto con el cambio de verso como con los signos de puntuación, a los que en la poesía contemporánea se incorporan los espacios en blanco. Se contemplan distintos tipos de pausa, también, dependiendo del lugar en el que se sitúe: si divide un verso largo mediante cesura o si ocurre gracias a la sintaxis; si la pausa se realiza al final de la estrofa o por el contrario sucede en mitad de un verso; etcétera.

El ritmo en la poesía con métrica

La poesía que recurre a la métrica [ver capítulo 12] para su forma se rige por unos ritmos distintos a aquellos en los que el verso libre [ver capítulo 10] se desborda. Por ejemplo, en esta poética más tradicional suele recurrirse a figuras como el **encabalgamiento** [ver capítulo 27], que alarga la respiración más allá del final del verso, o a todo lo contrario: la **pausa** [ver destacado], en la que el fluir de la palabra se detiene. Los sonidos —y con ellos el ritmo que se transmite al lector o al oyente— se recrean mediante figuras literarias como la **aliteración** [ver capítulo 27] o la **paronomasia**, un fenómeno en el que dos o más palabras se diferencian solo por la vocal acentuada. De igual forma, otros recursos para fijar el ritmo en la escritura con métrica tienen que ver con el acento [ver destacado], el cómputo de las sílabas [ver capítulo 12], la entonación ascendente o descendente o la rima [ver capítulo 13].

El ritmo en el verso libre

El versículo admite reglas bien escasas, sin excepción también cuando hablamos de ritmo. Ten en cuenta que la base musical del verso libre se instala en el ritmo del pensamiento: una vez más, en las sensaciones que tu voz alta nos recrea. Vinculadas a ellas, existen dos recursos que suelen guiar esta construcción del ritmo: la acumulación de imágenes, reforzada por figuras como el **asíndeton** [ver

«Escribir poesía sin conocer el ritmo es igual que escribir música sin saber solfeo.»

Mahmud Darwish, 1941-2008

capítulo 26] o la **enumeración** [ver capítulo 28], y las estructuras de repetición rítmica, soportadas en la **anáfora** o el **paralelismo** [ver capítulo 27]. Por otra parte, dentro del propio verso libre hay numerosas variantes que permiten recrear diferentes ritmos: el que en un poema mantiene varios metros o el que en un poema mantiene —a su vez— varias rimas, el que se marca como referencia una estrofa tradicional y el que se libera de cualquier referencia, y basa su decir en la combinación de acentos y pausas [ver destacados].

La idea en síntesis: el ritmo marca la forma en la que se escucha la poesía

15 La estrofa

Después de la palabra, el verso; después del verso, la estrofa. También la estrofa ocupa su lugar —coincide en ocasiones— antes del poema, y forma parte esencial de la estructura del texto poético, asumiendo una búsqueda cuádruple: la del rumbo de la gráfica, la música, el ritmo y el significado en el poema. Y no existe una única estrofa, sino que depende de rimas y de números de sílabas.

Según la RAE, la estrofa es «cada una de las partes compuestas del mismo número de versos y ordenadas de modo igual de que constan algunas composiciones poéticas». Esta definición excluiría a los poemas compuestos por tiradas de versos libres —y que también constan de estrofas—, pero sí acota la función de la estrofa en la poesía de raigambre más clásica. En otras ocasiones se especifica que un signo de puntuación marca el final de la estrofa, aunque no siempre ocurre así, en especial ante recursos como el encabalgamiento [ver capítulo 27].

Sin embargo, comprendiendo que buena parte de la poesía mantiene una línea en cuanto a acento, ritmo y métrica, en la poesía en lengua castellana existen distintas estrofas características. Para explicarlas utilizaremos los indicadores que —te recordamos— señalan los versos de arte menor en minúscula (*a*) y los versos de arte mayor en mayúscula (A).

Estrofas de dos versos

La principal es el pareado: dos versos que riman entre sí, casi siempre de forma consonante, con estructura métrica *aa*. Existen otras tres formas menores: la alegría, surgida del

Cronología

1330
Sextillas en el *Libro de buen amor*, del Arcipreste de Hita

***c.* 1481-1482**
Juan de Mena emplea la copla de arte mayor en *Laberinto de fortuna*

flamenco y formada por un pentasílabo y un decasílabo; el aleluya, un pareado compuesto por octosílabos; y una rareza, el dístico elegiaco, que imita la estrofa clásica grecolatina. El término *dístico* se emplea a veces para nombrar dos versos libres que conforman una estrofa.

Estrofas de tres versos

El terceto se compone de tres versos de arte mayor —endecasílabos, por lo general— con rima mayoritaria *ABA*, en consonante; el tercetillo sería su versión en arte menor. Por su parte, la soledad es una copla de tipo popular que parte del esquema del terceto, pero se desarrolla con rima asonante y varía en ocasiones la extensión de los versos.

Estrofas de cuatro versos

Existen varias posibilidades, y para distinguirlas nos fijaremos en el esquema métrico que las guía. Por ejemplo: cuatro versos de arte mayor con esquema métrico *ABBA* —rimando en consonante— conforman el cuarteto; igual que en otros casos, existe una variante con versos de arte menor, la redondilla. Si la rima se distingue como *ABAB* —es decir, cruzada [ver capítulo 13]—, de nuevo con rima consonante, la estrofa se llama serventesio cuando se utilizan versos de arte mayor, y cuarteta si son versos de arte menor.

Tres rarezas en esta suma generosa: la copla, cuatro versos de arte menor en los que el segundo y el cuarto riman en asonante, con el resto sueltos; la cuaderna vía, característica del mester de clerecía [ver capítulo 35], en la que cuatro alejandrinos riman en consonante según el esquema AAAA; y la seguidilla, con rima *abcb* —consonante o asonante: ambas se entienden válidas—, en la que los versos impares son heptasílabos y los pares pentasílabos.

1569	**siglo XX**
La Araucana, de Alonso de Ercilla, compuesto por octavas reales	La generación del 27 revitaliza la soledad

«La música de la poesía debe ser una música latente en el lenguaje ordinario de su tiempo.»

T. S. Eliot, 1888-1965

Estrofas de cinco versos

A mayor número de versos, mayor variedad en los esquemas métricos. Para el quinteto, una estrofa de cinco versos de arte mayor con rima consonante, se barajan varios —el más frecuente es *ABAAB*— con dos prohibiciones: la rima no puede repetirse durante tres versos seguidos, y la estrofa no puede finalizar con un pareado. Del quinteto surgen distintas variantes: la quintilla real, también conocida como «quintilla endecasílaba» porque se forma con ese metro; y la quintilla, el quinteto con versos de arte menor. Se compone igualmente de cinco versos la lira, con rima consonante y heptasílabos en el primer, tercer y cuarto verso, y endecasílabos en el segundo y el quinto verso. A esta estrofa se la conoció como «quintilla de Fray Luis de León», en homenaje al poeta que la utilizó con mayor sabiduría.

Estrofas de seis versos

En el caso de las estrofas de seis versos, se quiebra la situación habitual: el nombre no varía según la extensión del verso, sino que los esquemas métricos lo ponen todo patas arriba. El sexteto combina versos de arte mayor y menor —generalmente heptasílabos y endecasílabos—, con rima consonante y un esquema casi siempre fiel a *aBabcC*: rima cruzada en los cuatro primeros, pareado en los dos últimos. La sextilla se mantiene en el arte menor —suele emplearse el octosílabo— y en la rima consonante, con combinaciones múltiples: *aabaab*, *ababab*, *abcabc*, *abacbc*... Con ella tiene relación la copla de pie quebrado o copla manriqueña [ver capítulo 16], sobre la que queremos hablarte más tarde por sus peculiaridades históricas.

Estrofas de ocho versos

Igual que sucediera al adentrarnos en los versos de arte mayor, algunos de ellos compuestos por varios tramos o hemistiquios, también sucede algo similar en las estrofas más extensas. La copla de arte mayor la forman dos cuartetos —recuerda: cuatro versos de arte mayor con rima consonante— enlazados, con rima diferente en los versos segundo y tercero de cada uno, es decir: según el esquema *ABBAACCA*. En muchas ocasiones se recurre al dodecasílabo.

Para definir las otras estrofas de otros versos merece la pena asomarse a Italia, o al menos a su literatura, pues de ella provienen [ver capítulo 19]. La octava real —u octava rima— se compone de endecasílabos que riman en consonante (*ABABABCC*), con rima alterna hasta el pareado final, y la octava italiana —u octava aguda— la forman versos de arte mayor con rima consonante, siguiendo un complejo esquema: *ABBCDEEC*. El primer verso y el quinto se dejan sueltos; el segundo rima con el tercero, el sexto con el séptimo y el cuarto con el octavo, debiendo ser estos últimos versos agudos u oxítonos. La octavilla italiana se fijaría en estas normas, desarrollándolas con versos de arte menor.

Estrofas de diez versos

La décima espinela se sacude el nombre y muestra un esquema bien sencillo: *abbaaccddc*, con versos octosílabos y rima asonante, sin más complicaciones. La copla real —también llamada «falsa décima»— se sirve de versos de arte menor, y consiste en la unión de dos quintillas según el esquema *abaabcdccd*.

La idea en síntesis: la estrofa es la directora de orquesta del poema

16 Las estrofas medievales

Queremos analizar con cierto detenimiento las formas —las estrofas, los poemas— más habituales de la Edad Media. Aunque también te hablaremos por extenso acerca de su literatura [ver capítulos 35 y 36], resulta muy interesante conocer los vínculos que se establecen entre lo que se dice, el tono que se emplea y el molde que se escoge para expresarlo.

Y queremos subrayar la importancia de estas formas —una vez más: algunas de ellas poemas por sí mismas, otras con vocación de subgénero, otras integradas como estrofas en un texto de mayor aliento— como enlace con literaturas en otras lenguas, como punto de partida para otras expresiones en la nuestra propia, o como testimonio de una cultura —y de una manera de concebirla— que también forma parte de la nuestra.

Las formas castellanas y galaico-portuguesas

La producción oral en castellano medieval es muy anterior a la producción escrita, y comprendería entre los siglos XIII y XV. La lírica en esta recién nacida lengua romance se bifurca entre la de carácter popular, como los tardíos villancicos —poema compuesto por versos de seis u ocho sílabas, y en el que se combinan estribillos, mudanzas y vueltas— o los romances y romancillos [ver capítulo 20], y los textos cultos recogidos en los cancioneros [ver capítulo 17].

Cronología

c. siglos IX-X	1078
Muqaddam ibn Muafá al-Qabri pone la moaxaja por escrito	Ibn Quzman, el más célebre autor de zéjeles, nace en Córdoba

Las **cantigas** establecen un nexo entre la lírica galaico-portuguesa y la trovadoresca [ver capítulo 35]. Igual que en esta, los textos de las cantigas —y la música que las acompaña— se deben al trovador, que suele ceder su interpretación al juglar. Su escritura abarca entre los siglos XII y XV, y se distinguen varios tipos según temática y métrica. Siempre se utilizan octosílabos y decasílabos [ver capítulo 11], con rima consonante [ver capítulo 13] y un uso habitual del paralelismo y el leixaprén.

En las **cantigas de amigo**, la mujer se dirige a su amado o expresa sus sentimientos sobre él. Se distinguen varios subgéneros: las alboradas, sobre la separación al amanecer; las bailadas, en las que se invita al baile; las barcarolas, con alusiones al mar; y las romerías, en las que estas fiestas propician el encuentro entre la pareja. Los roles se invierten en las **cantigas de amor**, las que reproducen con mayor fidelidad el modelo del amor cortés [ver capítulo 8], y donde el hombre canta a su amada. Por último, encontramos las **cantigas de escarnio y maldecir**, sátiras ambas, las primeras más sutiles y las segundas más procaces.

«Ondas do mar de Vigo, / se vistes meu amigo? / E ai Deus!, se verra cedo?»

Martín Códax, *c.* siglos XIII o XIV

En cuanto a la métrica, la más cercana al modelo provenzal es la **cantiga de refrán**, utilizada en las cantigas de amor y de escarnio: cuatro estrofas con el esquema métrico *abbacca-abbaccb-ababcca-ababccb* y un último verso que se repite en cada estrofa, a modo de «refrán». Una mayor diversidad métrica recoge la **cantiga de maestría**, empleada en las cantigas de amigo.

Si las cantigas conectan con la literatura europea, la **copla de pie quebrado** arraiga con fuerza en la literatura propia.

siglo XII

Las *Cantigas de Santa María* se componen en la corte de Alfonso X el Sabio

1476

Fallece Rodrigo Manrique, inspirando las *Coplas por la muerte de su padre*

«Nuestras vidas son los ríos / que van a dar en la mar / que es el morir.»

Jorge Manrique, *c.* 1440-1479

Combina versos de ocho y cuatro sílabas, admitiendo trisílabos si la fuerza de la rima anterior recae en la última sílaba. La variación más popular es la sextilla de pie quebrado, también «copla manriqueña», a la que Jorge Manrique recurrió para las *Coplas por la muerte de su padre*.

Las formas hispanoárabes

Se originaron en la poesía andalusí: la escrita en árabe y en al-Ándalus —la zona musulmana de la península ibérica— entre los siglos VIII y XV. Muchas de estas formas se comparten con la literatura hispanojudía: aquella escritura de los judíos de la península ibérica entre los siglos X y XV, tanto en árabe —el idioma que utilizaban en al-Ándalus para comunicarse— como en hebreo, reivindicado para la literatura.

Las primeras referencias a la **moaxaja**, la de mayor antigüedad de todas estas composiciones, datan del siglo IX. Esas manifestaciones iniciales consisten en transcripciones de pequeñas canciones, lo que permitiría entroncarlas con la lírica popular; son textos que se divulgan de manera oral, por lo tanto, y que lograron una estructura al quedar por escrito. Quizá eso justifique la variedad estrófica de aquellas moaxajas, que pronto admitirán una estructura fija y se escribirán —a diferencia de sus modelos— en árabe culto, conservando la brevedad de los versos.

En la moaxaja se intercalan varias series de estrofas. La primera de ellas se llama vuelta o *qufl* —un término que muchos estudiosos vinculan a la copla—, en la que la rima se repite verso a verso, y la segunda de ellas recibe el nombre de *bayt* o mudanza, en la que los versos riman distinto entre sí. En algunas variaciones se incluye un pareado de apertura —se trata de una moaxaja perfecta: *tamm*—, y la estrofa final es siempre la de vuelta, recibiendo el nombre de salida o *jarŷa*: la jarcha.

Porque a propósito de la moaxaja surgen otras dos composiciones: la **jarcha** y el **zéjel**. La jarcha —«final» o «salida», de manera literal— se suma al final de la moaxaja, como un grupo de versos a modo de cierre, escritos en árabe coloquial o con léxico mozárabe, que pronto conseguirán sentido propio en la escritura medieval. El número de versos varía, aunque se repiten los pareados, los trípticos y las cuartetas; también su métrica, abundando los hexasílabos. Frente a la temática más abierta de la moaxaja, a la jarcha se recurre para cuestiones amorosas, en muchas ocasiones expresadas por una sufriente voz femenina, en un enlace muy curioso con la cantiga de amigo. Cuando el contenido de la jarcha no guarda demasiada relación con el de la moaxaja, se recurre a un verso a modo de puente.

«¡Tant' amáre, tant' amáre, / habib, tant' amáre! / Enfermiron welios nidios / e dólen tan málē.»

Yosef al-Kātib, siglo XI

Con respecto al zéjel —un término que significa «himno sonoro»—, te aclararás si piensas en una moaxaja escrita en un árabe coloquial, con algunas palabras en lengua romance insertas en el texto. Tanto la temática como la estructura imitan, con variaciones muy leves, el modelo de la moaxaja. Se abre con un pareado a modo de *markaz*, prosigue con tres versos (*agsan*) que riman entre sí, se cierra con un cuarto verso (*sint* o vuelta), combina más estrofas y carece de jarcha.

La idea en síntesis: las expresiones cercanas (en forma, en temas) de varios idiomas madurando

17 Del poema… al poemario

Si la poesía se rigiera por fórmulas más que por intuiciones, esbozaríamos una posible: «palabra < verso < estrofa < poema» [ver capítulo 1]. La palabra representa la unidad mínima de sentido desde la que se construye el texto, y el poema supondría el objetivo final: el texto poético.

Si te acercas a cualquier librería o biblioteca, distinguirás que los poemas se difunden en libros firmados por un solo poeta, o en antologías con una circunstancia que une los textos que presenta: la generación a la que pertenecen sus autores, el país en el que nacieron o en el que viven, el idioma de escritura, y etcétera, y etcétera. Dante Alighieri escribió *La Divina Comedia* con esa conciencia en el despertar del siglo XIV [ver capítulo 36], y muchos poemas épicos compartían esa vocación total. En todo caso, queda claro que esta vida del poema después de la escritura y en forma de libro queda vinculada primero a la escritura física como hecho y como gesto, y luego a su difusión. El libro de poemas nace cuando el poema deja de recitarse en las plazas y de heredarse de generación en generación, y posee una versión fijada por escrito y por su autor.

Los cancioneros

Repasando la historia de la poesía, encontramos un precedente para los libros de poemas: los cancioneros. Surgidos en la Edad Media [ver capítulo 35] —aunque la difusión y «redacción» de muchos de ellos se prolongó hasta el Re-

Cronología

1207

Per Abbat transcribe —y fija— el *Poema de Mio Cid*

c. 1445

Juan Alfonso de Baena compila el *Cancionero de Baena*

nacimiento— y con una estructura muy diferente a la de los cancioneros petrarquistas [ver capítulo 36], la autoría de esos cancioneros iniciales no recae en la de quienes escriben los versos, sino en los lectores: en quienes conocen los poemas gracias a copias manuscritas, a la lectura en otros cancioneros o a los pliegos sueltos, esos cuadernillos en los que se difundían por escrito los textos de carácter popular. Por cierto: estos pliegos sueltos también se llamaron «pliegos de cordel», y en menor medida «coplas» o «romances de ciego», por el subgénero en el que se encuadraban los textos y la condición de quien los recitaba.

El criterio de agrupación de los textos obedecía al feliz capricho del compilador: es por ello por lo que los cancioneros se conocen por el nombre de quien los recopiló, de quien los conservó o de la biblioteca en la que se descubrieron. En ocasiones se regían por el mero gusto de quien los leía, y que armaba un cancionero con sus poemas favoritos. En otras sí que existía cierta conciencia, y la selección atendía a cuestiones concretas: la obra de un autor, un subgénero, una temática o una época, un lugar o una escuela de escritura.

«El poeta es mucho más altruista que el narrador.»

Alda Merini, 1931-2009

En cambio, los cancioneros constituyeron la más potente vía de difusión de la lírica culta de la poesía castellana medieval. Gracias a ellos hemos conocido la obra fundamental del marqués de Santillana [ver capítulo 19], Jorge Manrique [ver capítulo 16] o Juan de Mena, cuyos textos aparecían en los tres principales cancioneros: el de Baena —seleccionado por Juan Alfonso de Baena— y el de Stúñiga —por Lope de Stúñiga—, ambos del siglo XV, y el General, publicado ya en el siglo XVI según la recopilación de Hernando del Castillo.

c. siglo XV

El rey Yusuf III elabora el diván *Lo que queda y se conoce de lo que dijo Ibn Zamrak*

1819-1827

Diván de Oriente y Occidente, doce antologías «compiladas» por Johann Wolfgang von Goethe

El diván

Paralelamente a los cancioneros, en la poesía escrita en árabe comienza a forjarse la idea del «diván», término que proviene del árabe clásico *dīwān*, y este a su vez del persa *dēwān*, que significa «archivo». El diván poético, entonces, ejerce como archivo, como una compilación de poemas que pertenecen a uno o a varios autores, igual que en el modelo castellano, pero con un concepto de autoría mucho más firme. De hecho, la palabra *diwan* se ha reinventado en idiomas como el turco o el propio persa, donde también se utiliza hoy para aludir a la obra esencial de un poeta, a los poemas que merece la pena conservar. Federico García Lorca [ver capítulo 42] escribió en los años treinta los poemas de *Diván del Tamarit*, una obra compuesta por gacelas y casidas, e influida en forma y fondo por la poesía andalusí.

El libro de poemas y el poemario

No existe diferencia de significado entre los términos *libro de poemas* y *poemario*. La RAE asigna a *poemario* el de «conjunto o colección de poemas», sin especificar nada con respecto a su contenido. Sin embargo, merece la pena subrayar que el libro de poemas recopila textos con la autoría como único punto en común. No existe una ligazón temática —estética, a lo sumo—, sino que los poemas se recopilan y ordenan sin ruta trazada. Así se presentan desde antiguo, al fin y al cabo: un título que los recopila, y muchos textos unidos quizá por el tiempo de escritura, o atados con un hilo temático muy leve.

En cambio, el poemario obedece a una idea central: lo vertebra una intención, que dota de lógica y coherencia a la selección de poemas, a su orden... La idea del poemario se fragua en fechas muy recientes, y se asocia de forma directa a la poesía moderna. Guarda relación con la nueva forma de editar y la nueva forma de divulgar la poesía, así como con el concepto más firme y arraigado de autoría [ver capítulo 4]. Conforme el libro se acerca al objeto que conocemos hoy, su contenido se transforma. Con el inicio del siglo XX, muchos autores afrontan la organización de sus libros en torno a una idea; por así decirlo, los libros de poemas comienzan —al igual que en otros géneros— a «tratar sobre algo» [ver capítulo 7].

Detengámonos en una obra paradigmática de la poesía española de posguerra: *Mujer sin Edén* (1947), de Carmen Conde. En este libro, Conde —la primera mujer académica de número en la RAE— escoge un personaje mítico como Eva, la expulsada del paraíso, para reflexionar sobre el papel de las mujeres a lo largo de la historia. Todos los poemas los une la voz de una mujer que, en la línea del tremendismo —una de las muchas «caras» de la poesía social española [ver capítulo 30]—, reflexiona sobre el lugar que las mujeres ocupan en una sociedad judeocristiana. Varios aspectos «asientan» la coherencia de este poemario: desde el punto de vista temático, su revisión del matriarcado; desde la estética, el trabajo con el simbolismo religioso. A su manera, desde los poemas, sin una intención narrativa —ese es otro asunto [ver capítulo 23]—, Carmen Conde traza una historia.

La idea en síntesis: el libro de poemas recopila textos; el poemario, textos bajo la misma idea

18 El haiku

Cinco, siete y cinco: se trata de la combinación a la que obedece algo más que una estrofa, algo más que un poema. El haiku sintetiza no ya la poesía japonesa, sino una actitud que trasciende la creación y se instala en la vida. Tiene que ver no ya con una forma de concebir el arte, que busca la esencia desde la contemplación, sino con un modo de vida en el que prima lo espiritual.

El haiku obedece a una estructura moraica, es decir: no se rige por nuestras sílabas [ver capítulo 10] sino por *onji*, por moras. Las moras son las unidades que miden la duración de una sílaba —sus segmentos fonológicos, para los amantes de la lingüística—, de ahí que en algunas lenguas se identifiquen con la misma sílaba. Así pues, este poema brevísimo se compone de diecisiete moras —de diecisiete sílabas, para quienes los escriben en castellano— que se distribuyen en tres versos: el primero consta de cinco moras, el segundo de siete, y el tercero finaliza con cinco.

Orígenes

Durante el siglo VII y la primera mitad del VIII se escribirán los textos difundidos en el *Man'yōshū*, una colección de *wakas*, que significa literalmente «poema japonés», y los enfrenta a la tradición de la poesía china. Aunque su extensión supera a la del haiku, en ellos se avanzan ya dos constantes de este poema: la combinación de versos de cinco y siete moras, y una actitud estética ba-

«Un viejo estanque. / Se zambulle una rana: / ruido del agua.»

Matsuo Bashō, 1644-1694

Cronología

siglos VII-VIII	1680
El haiku, anticipado en el *Man'yōshū*	Bashō, *haikai* a tiempo completo

sada en la observación de la naturaleza, y la emoción que este hecho despierta en el *haijin*.

La trascendencia internacional del haiku ha eclipsado otros poemas tradicionales japoneses de igual originalidad e importancia. El más relevante de ellos es el tanka, un haiku con estrambote —dos versos de siete moras cada uno— y temática carnal, pero también encontramos los *chōka*, que tienen cierta voluntad narrativa, o los *bussokusekika*, con sus plegarias a Buda. De esta última forma, además de los incluidos en el *Man'yōshū*, destacan los que se conservan en el templo de Yakushi en la antigua ciudad de Nara.

Vocabulario clave

El *haijin* —*haijine* en femenino— es quien escribe haikus; a veces practica el *haiga*, pintura con la que se acompaña el poema. Se llama *kigo* a la palabra que designa la estación del año a la que se refiere el poema —los haiku sin él se denominan *mu-kigo*—, y *kire* a la pausa —equivalente a nuestra cesura— que dividiría el haiku en dos. Por otra parte, la delicadeza japonesa nos brinda tanto los *haimi*, el «alma» del haiku, como el *haragei*, la comunicación mediante el silencio.

Te hablamos de los otros poemas japoneses porque, aunque no existe una referencia firme en la que anclar el origen del haiku, parece claro que parte de varios de ellos. Del siglo VIII datan los primeros *katautas*, poemas en los que aparece ya la misma forma y que, combinados —con un primer *katauta* que plantea una pregunta, y un segundo que la contesta— en el *mondoo*, podrían haber servido como inspiración para otro poema que habría dejado rastro en el haiku: el *renga*, que consiste en varios tankas encadenados, llamados *haikai no renga* cuando el contenido invitaba a la risa. El término *haikai no renga* evoluciona en *haikai renga* y este —a su vez— en *haikai*: el camino léxico hacia el haiku ya se ha iniciado.

siglo XVIII
La *haijine* Chiyo-Ni quiebra las reglas del haiku

siglo XIX
Masaoka Shiki emplea el término *haiku*

Haijin y haijines célebres

Se respeta a cuatro maestros: Matsuo Bashō (siglo XVII), Yosa Buson (siglo XVIII), Kobayashi Issa (siglos XVIII y XIX) y Masaoka Shiki (siglo XIX). El surgimiento de *haijines* esperará hasta el siglo XX, aunque en el siglo XVIII destacó Chiyo-Ni, con haikus muy cuestionados por reflejar su intimidad.

El haiku —o haikú, o jaiku— no ha permanecido ajeno a nuestra lengua. Brillaría en las palabras de dos mexicanos: Juan José Tablada —el primero en escribir un libro de haikus en castellano, *Al sol y bajo la luna* (1918)— y Octavio Paz.

Durante el *shogunato* Tokugawa —el *shogunato* es el gobierno militar que se impuso en Japón entre los siglos XII y XIX—, que abarcaría más de dos siglos de historia y finalizaría con la Restauración Meiji, muchos poetas adoptaron la costumbre de reunirse no ya para conversar sobre lecturas, sino para escribir. Esas sesiones de creación colectiva fructificaban en *rengas*, a los que cada uno de los participantes aportaba uno o varios tankas para continuar el propuesto por el *haijin* —una función asumida por el asistente con mayor trayectoria o prestigio—, y que generalmente versaba sobre el paisaje en el que se celebraba el encuentro o la estación en la que tenía lugar. Aquellos inspiradores versos iniciales, los *hokku* —ahí nos encontramos con otra posible referencia para el haiku—, pronto darían pie a una escritura independiente, ya en soledad. A finales del siglo XIX, el poeta y crítico Masaoka Shiki calificaría como «haiku» un tipo de poema con mucha historia, pero todavía sin nombre.

Características

Tres versos —uno de cinco moras, otro de siete, otro de cinco— sin rima, *hachô* —haiku de metro roto— cuando varía su extensión, este poema se fija en un claro esquema temático. Su escritura nace tras el *aware*: la intensísima emoción que la observación de la naturaleza despierta en el *haijin*, y que se mueve entre los extremos de la melancolía o el entusiasmo. Los haikus quedan marcados por la despersonalización de quien los escribe, puesto que se despoja de cualquier opinión y actitud para asumir su papel como transmisor entre lo contemplado y el lector: no se trata de que el paisaje actúe como reflejo del sentimiento o de la condición humana, sino que tiene «vida poética» por sí mismo. Diríamos que el primer verso describe una situación, el segundo una acción —leve, casi imperceptible— y el tercero una sensación, derivada de la combinación de los dos primeros. El haiku, en cierto modo, atrapa el mundo en un instante.

Tradicionalmente se ha vinculado el haiku a la religión sintoísta y a la filosofía del budismo zen, por los elementos coincidentes entre todas ellas: el sintoísmo adora a los *kami*, a los espíritus de la naturaleza, territorio por excelencia del haiku; y muchos de los *haijin* principales —con Matsuo Bashō a la cabeza— practicaron la meditación zen, reflejando en sus textos esa intención de que la mirada prescinda de cualquier peso intelectual.

La idea en síntesis: el poema japonés por excelencia

19 El soneto

Catorce versos pusieron en un aprieto a Lope de Vega. En este célebre poema, el Fénix de los Ingenios desarrolla verso a verso una de las composiciones más significativas de la poesía en castellano: el soneto. Una forma métrica que importamos de Italia gracias al encuentro andaluz entre un embajador veneciano y un poeta catalán. No se trata de un chiste, sino de historia de la literatura.

Una regla no escrita afirma que un poeta que domine su oficio tiene que demostrarlo en el soneto, aunque más tarde lo elimine de su repertorio. Gloria Fuertes escribió sonetos y Juan Eduardo Cirlot escribió sonetos, también, por fijarnos en dos poetas recientes cuyo discurso se sitúa en las antípodas del clasicismo, pero que probaron con la forma y obtuvieron un resultado propio. Los poetas de la generación del 27 los escribieron, los escribieron sus maestros del modernismo, y si continuamos atendiendo al pasado —siglo a siglo atrás— los escribieron los poetas áureos, y así desandamos hasta el marqués de Santillana, que hace el intento, y hasta Garcilaso de la Vega, que se lleva los honores.

De Sicilia a Granada, pasando por la Provenza

La palabra *soneto* proviene de la italiana *sonetto*, y esta deriva —a su vez: es un diminutivo— de la latina *sonus*; mientras tanto se cuela un *sonet* provenzal que quiere decir «melodía», y en el que se hallaba el origen verdadero de la expresión, según Martín de Riquer. *Sonus* significa «sonido». El soneto suena, y de qué forma: su brillo nace de la música, y su escritura crece en la lectura en voz alta.

Cronología

1230-1266	1292-1293
Primeros sonetos, por los poetas de la corte de Federico II de Sicilia	El soneto desembarca en la península italiana, con Guido Guinizzelli

Esta composición surge durante el siglo XIII, en la corte de Federico II de Sicilia: de inmediato se traslada al corazón de la península italiana, donde la adoptan —y practican— los poetas del *dolce stil novo*, con Dante Alighieri, antes de ceder el testigo a Francesco Petrarca [ver capítulo 36] y todo el movimiento bajo su apellido. Un siglo antes de Boscán y compañía, Pere Torroella escribe el primer soneto en catalán; después llegarían los sonetistas castellanos, portugueses, franceses, ingleses —Wyatt, Henry Howard o un tal William Shakespeare— y alemanes.

El kilómetro cero del soneto en español

El turista que visite la Alhambra de Granada se fotografiará en el icónico Patio de los Leones, paseará por los jardines del Generalife... pero quizá ignore una placa —humilde entre la exuberancia— que le espera no lejos del Patio del Ciprés de la Sultana. Conmemora el encuentro entre Andrea Navagero y Juan Boscán: aquel de los consejos para adaptar el modo itálico a la lengua hispánica.

«Un soneto puede componerse en la calle, en el subterráneo, paseando por los corredores de la Biblioteca Nacional.»

Jorge Luis Borges, 1899-1986

La placa reproduce un fragmento de la *Epístola nuncupatoria de Juan Boscán a la duquesa de Soma*: «[…] porque estando un día en Granada con el Navagero… tratando con él en cosas de ingenio y de letras. Y especialmente en las variedades de muchas lenguas. Me dijo porque no probaba en lengua castellana sonetos y otras artes de trovas usadas por los buenos autores de Italia. Y no solamente me lo dijo así livianamente, mas aun me rogó que lo hiciese… Mas esto no bastara a hacerme pasar muy adelante, si Garcilaso con su juicio el cual no solamente en mi opinión, mas

1526
Andrea Navagero y Juan Boscán se encuentran en Granada

1536
El soneto en francés de Clément Marot modifica a Petrarca

1557
Publicación póstuma de los sonetos del inglés Thomas Wyatt

La fórmula del soneto

El soneto clásico se compone de dos cuartetos y dos tercetos, en endecasílabos y con rima consonante. Recurre a dos esquemas (*ABBA-ABBA-CDC-DCD* y *ABBA-ABBA-ABA-BAB*), con excepciones: la rima abrazada (*ABAB-ABAB*) o distinta en los cuartetos (*ABBA-CDDC*), la combinación de ambas (*ABAB-CDCD, ABAB-CDDC,* etcétera) o el pareado en el terceto final (*CDD*). Los sonetos con metros de arte menor se llaman sonetillos. El primer cuarteto plantea el tema y el segundo expande el nudo, desenlazando en los tercetos: el primero enlaza con el contenido de las estrofas anteriores, y el terceto final concluye el poema.

en la de todo el mundo, ha sido tenido por regla cierta, no me confirmara en esta mi demanda [...]». Boscán invoca a Garcilaso de la Vega, amigo de la corte y compañero de batallas y escritura.

La nota biográfica del soneto en lengua castellana empezaría: «Granada, 1526». Seguiría refiriéndose a sus padres, tíos y primos lejanos: tanto como la República de Venecia. El político y escritor Andrea Navagero recorre la península ibérica desde hace un año como embajador de la ciudad-estado italiana: intenta negociar la libertad de los hijos del rey francés Francisco I, rehenes en Castilla. Navagero se integra en la corte de Carlos I, incapaz de lograr su objetivo; asiste a la boda del emperador con Isabel de Portugal y se desplaza con el séquito real a Granada. Allí se reencuentra con Juan Boscán, poeta y traductor que también había ejercido como embajador en tierras de Navagero, y durante una conversación sobre poesía insiste en que debe adaptar a la lengua castellana los triunfos de la poesía de la suya.

Boscán se libra del disfraz cancioneril y lo cambia por el traje del endecasílabo y las estrofas italianas: la canción en estancias, la octava real, el terceto encadenado... y el soneto. Lo cuenta a Garcilaso y lo cuentan ambos a Diego Hurtado de Mendoza, también hombre de armas y letras —a

Soneto veo, soneto quiero

¿Dominas las artes del soneto? No cantes victoria. Existe el soneto dialogado. El soneto con eco, en el que la palabra final de cada verso repite las últimas sílabas de la anterior, o con repetición, en el que el cierre del verso se repite al inicio del siguiente. El soneto con estrambote, con tres versos de más, y el borgiano soneto con dístico, que suma dos versos finales, o algunos de los sonetos de Rubén Darío, sin temor a la mala suerte y con trece versos. El doble incorpora dos versos quebrados a los cuartetos y un verso quebrado a los tercetos, y el soneto con cola añade un verso quebrado a cada dos. Los sonetos polimétricos emplean las sílabas que les da la gana; los invertidos cambian el orden, abriendo los tercetos... ¡y hasta el infinito!

quien durante el siglo XVII muchos atribuyeron la autoría del Lazarillo de Tormes— que se suma a la aventura. Garcilaso, parado a contemplar su estado —así comienza el soneto I, magdalena de Proust para quien ame la poesía—, vencerá en la carrera de la historia al introductor Boscán, al discípulo Hurtado de Mendoza y al pionerísimo Íñigo López de Mendoza, marqués de Santillana, autor de los *Sonetos fechos al itálico modo* —escritos entre 1438 y su muerte en 1458— y antepasado del propio Garcilaso.

La idea en síntesis: catorce versos dicen que es soneto

20 El romance

Uno de los poemas más representativos de la tradición castellana es el romance. Una forma que se desentiende de la división por estrofas e inventa su propia estructura, más cercana al devenir de lo oral —los primeros romances se hablan antes de escribirse— que a las reglas sobre el papel.

El romance se identifica, al menos en su origen, con un subgénero: el de la poesía épica y los cantares de gesta. Más allá de esta constante temática, que se reinventará conforme este poema sume siglos y escrituras, existe una estructura a la que el romance mantiene fidelidad. Aunque esta poesía cercana a la epopeya se escribe en toda Europa durante la Edad Media [ver capítulo 35], la forma del romance convierte a este poema en uno de los más característicos de la poesía en castellano.

El romancero viejo

El romancero canónico español, aquel que sienta las bases históricas —por así decirlo— de este poema, se conoce como «romancero viejo». Su composición tiene mucho de artificiosa: los textos que lo integran —se elaboró entre los siglos XIV y XV— se escogieron de entre aquellos romances que formaban parte del corpus medieval, esto es, que provenían de la literatura popular, oral, primero cantada y luego transcrita para conservarlos. El romancero viejo lo conforman esos primeros poemas, cuyo contenido se había modificado con el paso de los años, y de los recitadores y de los escuchantes, en un ejercicio de autoría colectiva [ver capítulo 5]. Esto justifica la existencia de variantes

Cronología

1421

Jaume d'Olesa, entonces estudiante y luego escritor, transcribe el romance "Gentil dona, gentil dona"

1821

Se publica *Romancero general*, de Agustín Durán

múltiples en los poemas del romancero viejo: no existe una «oficial», sino muchas «aceptadas». Hoy conocemos estos textos —incluidos en muchos cancioneros [ver capítulo 17]— gracias al *Romancero general* que Agustín Durán recopiló a comienzos del siglo XIX, en un esfuerzo ampliado cien años más tarde por María Goyri y Ramón Menéndez Pidal.

Estróficos, no estróficos...

Otra clasificación válida para los poemas los distingue entre estróficos —aquellos formados por una o varias estrofas— y no estróficos, cuya estructura no obedece a esa organización por estrofas. Entre los poemas estróficos existe, a su vez, otra distinción: los monoestróficos, que constan de una estrofa única, y los poliestróficos, compuestos por varias estrofas diferentes en cuanto a número, no necesariamente en cuanto a tipo.

El romancero nuevo

Con la transformación paradigmática en la composición poética —ahora se escribe, ahora existe un autor— y en la difusión de la misma —de lo oral a las vías anteriores a la imprenta—, también cambia la manera de acercarse al romance. El llamado «romancero nuevo» abarca desde el siglo XVI a nuestros días, y responde a los poetas que deciden adoptar esta forma para sus composiciones. Tomando como modelos los romances populares, los poetas cultos producen los suyos propios, los firman, y la versión definitiva se fija por escrito y ya no se escucha, sino que se lee. De esta manera, el romance se convierte en uno de los géneros predilectos de los autores del Siglo de Oro [ver capítulo 37], con excepcionales ejemplos a cargo de Luis de Góngora o sor Juana Inés de la Cruz, y en un poema al que se recurre de manera habitual en el siglo XX, sobre todo por autores empeñados en revisar las formas tradicionales desde las ópticas de su tiempo, como Federico García Lorca [ver capítulo 42].

1900
Goyri y Menéndez Pidal viajan por Castilla transcribiendo los romances orales

1928
Federico García Lorca publica *Romancero gitano*

Anónimo fue una mujer

Lo recordaba Virginia Woolf en *Una habitación propia* (1929), su mítico ensayo sobre el lugar que ocupa la mujer dentro de la historia de la literatura: en la mayoría de ocasiones, los textos firmados como «anónimo» correspondían a una mujer. Sobre la desigualdad de circunstancias y oportunidades de las mujeres escritoras, también sobre la falta de visibilidad de sus obras, te hablaremos en otro momento [ver capítulo 32]. Mientras tanto, una pregunta: ¿cuántos de estos poemas populares, transmitidos por la voz y plasmados en el romancero viejo, se iniciaron en la mente de una mujer?

Rima, estructura y variaciones

Si nos ceñimos a la cuestión métrica, el romance —no como poema con su contenido, entonces, sino como mera forma— posee un esquema fijo: se trata de una tirada indefinida, sin número concreto, de octosílabos [ver capítulo 11] en los que los versos pares riman en asonante [ver capítulo 13] y los impares quedan sueltos. Es el modelo que se repetirá en los textos del romancero viejo.

Sin embargo, el romancero nuevo permite la incorporación de variantes a este modelo. En ocasiones, el romance se organiza también en tiranas o cuartetas asonantadas —es decir, estrofas de cuatro octosílabos—, o se modifica como letrilla: incorpora estribillos al final de cada estrofa, en los que se repite una idea a modo de enlace o de insistencia. También se practica el romancillo, un romance compuesto por versos de menos de ocho sílabas —«endecha», de manera específica, si tienen siete—, y el romance heroico, en el que los octosílabos se sustituyen por endecasílabos. En cualquier caso, la rima se mantiene: asonante en los pares, sueltos los impares.

Tipos de romances

Además de la distinción cronológica —del romancero viejo al nuevo—, existen otras dos clasificaciones posibles para este tipo de poemas: por la estructura de la historia que cuentan —no conviene olvidar el espíritu narrativo que los guía— y por la temática de los mismos. Con respecto a la primera, los romances conectan con el género narrativo al reproducir en muchas ocasiones el esquema de planteamiento, nudo y desenlace. Según este criterio, toca diferenciar entre los que abarcan la historia completa y los que reproducen —por decisión del autor, o porque no se nos ha legado nada más— una escena única. En cuanto a la segunda, existen —sobre todo en el romancero viejo— romances de carácter carolingio, vinculados a los cantares de gesta franceses; los de ciego [ver capítulo 17], cuyos hechos escandalizaban al público; los épicos; los fronterizos, aludiendo a aquellos creados para plasmar los hitos de la Reconquista; los históricos, centrados en los hechos de la historia de nuestro país; y los líricos y novelescos, en los que el autor plasma sus propias experiencias o fabula sobre realidades.

«Ayer vino Izquierdo, el de Plasencia, a traer romances y palabras.»

Carta a Ramón Menéndez Pidal de María Goyri, 1873-1954

La idea en síntesis: el poema característico de la literatura en castellano

21 El poema en prosa

La poesía se ha vinculado desde sus orígenes al verso, y a la música del verso, y a la plasmación gráfica del verso. Sin embargo, ¿qué ocurre cuando la poesía brota en una forma desacostumbrada, más cercana a la prosa? Ocurre el poema en prosa, que pertenece al género de la poesía, y ocurre también la prosa poética, que se incluye en otras clasificaciones. Nos adentramos en el primero de ellos.

Pedro Aullón de Haro, uno de los mayores expertos españoles en el poema en prosa, concluyó que se trata de «un género poético breve de ideación moderna». Tomaríamos con cierta distancia la consideración respectiva a su extensión —teniendo en cuenta ejemplos como *Espacio*, de Juan Ramón Jiménez—, quizá vinculada a su origen fragmentario, e insistiremos en el punto de partida que fija Aullón de Haro: tan moderno —en efecto— como que su origen se situaría —con matices [ver capítulo 22]— en la publicación póstuma de los *Pequeños poemas en prosa*, obra de Charles Baudelaire que a nuestro idioma se ha traducido también como *El «spleen» de París* o *El esplín de París*.

Característica

Según subraya Aullón de Haro, el poema en prosa comparte con aquel más habitual y canónico —el escrito en verso— todos los elementos y recursos, salvo la distribu-

Cronología

1869
Pequeños poemas en prosa, de Charles Baudelaire, escritos entre 1855 y 1864

1869
Los cantos de Maldoror, del conde de Lautréamont

La advertencia de Charles Baudelaire

Consciente de la ruptura formal que afrontaba con los *Pequeños poemas en prosa*, Charles Baudelaire decidió incluir una advertencia a su cercano lector: «Le envío, querido amigo, una pequeña obra de la que no cabría decir, sin ser injustos, que no tiene ni pies ni cabeza, ya que, por el contrario, todo es en ella pies y cabeza a la vez, alternativa y recíprocamente. Considere, se lo ruego, qué admirables ventajas nos reporta a todos, a usted, a mí y al lector, tal combinación. Podemos cortar por donde queramos; yo, mi ensueño; usted, el manuscrito; el lector, su lectura; pues la reacia voluntad de este no la suspendo del interminable hilo de una intriga superflua. Quite usted una vértebra y los dos fragmentos de esta tortuosa fantasía volverán a unirse sin esfuerzo. Desmenúcela en numerosos fragmentos y verá que cada uno puede existir aisladamente». Esta declaración de intenciones desgajaría sus poemas en prosa, con vocación fragmentaria e independiente, del desarrollo unitario de la prosa poética, incomprensible lejos de la obra a la que pertenece.

ción en verso y los rasgos que dependen de ella: por ejemplo, figuras como el encabalgamiento no se contemplan en el poema en prosa. A diferencia de la prosa poética, cuyo sentido pleno se alcanza integrado en el texto de origen, y cuyo afán se centra más en el estilo que en el género, el poema en prosa posee siempre un significado independiente, igual que los poemas escritos en verso: constituye una unidad por sí mismo.

El poema en prosa se distancia también de otras manifestaciones con las que, *a priori*, coincidiría en determinados planteamientos. Por ejemplo: un poema en prosa no es un microrrelato, con el que compartiría imagen pero no semejanza, porque van de la mano en cuanto a esa brevedad

1873
Arthur Rimbaud publica *Una temporada en el infierno*

1954
Versión definitiva de *Espacio*, de Juan Ramón Jiménez

El poema en prosa en español

Pese a la existencia de ejemplos desde un siglo antes [ver capítulo 22], la entrada del poema en prosa en España la marca la *Antología del poema en prosa* (1956), de Guillermo Díaz-Plaja. Antes contemplamos ejemplos de Gustavo Adolfo Bécquer o Luis Cernuda, hasta culminar en quien —a juicio de Marta Agudo— debe considerarse «el verdadero creador del poema en prosa moderno en España»: Juan Ramón Jiménez, con obras como *Diario de un poeta recién casado* (1917) o *Espacio* (1954). Al otro lado del Atlántico, merece la pena recordar el extenso poema en prosa *Temblor de cielo* (1931), en el que Vicente Huidobro recrea la ópera de Richard Wagner *Tristán e Isolda* (1859).

a la que apuntaba Aullón de Haro, pero el microrrelato posee un latido narrativo ausente del poema en prosa. Un poema en prosa tampoco es un aforismo [ver capítulo 24], pese a que por su disposición gráfica a menudo se confunda con los poemas construidos en versículos —el verso libre extenso [ver capítulo 10] del que se serviría este género, otro más, entre géneros—, o a que ambos se encuentren en su voluntad lírica.

El origen francés

Pero regresemos a Francia y al siglo XIX. En la década de los cuarenta conocemos ya varias obras de prosa poética, que comienzan a plantear otras aspiraciones formales muy distintas: los libros de Forneret, Guérin y Bertrand, unidos al pionerísimo Parny, preparan el terreno para los *Pequeños poemas en prosa* de Charles Baudelaire, y en opinión de muchos críticos constituyen las primeras muestras —aún titubeantes— del poema en prosa. El carácter bastardo entre géneros y la voluntad de hibridación destacaban ya en estas obras que Baudelaire reconocería como inspiración. En concreto, en una carta a su editor confiesa que ha tomado como modelo *Gaspar de la noche*. Y que se ha fijado no en su temática, en su retrato «de la vida antigua», sino en el mecanismo al que Bertrand recurre. A lo largo de una década, entre 1855 y 1864 —varias decenas aparecen en revistas; el resto, en la edición impulsada por su hermana a los dos años de su muerte—, Charles Baudelaire asume la escritura de unos textos con el objetivo de «intentar algo análogo», convirtiéndose él mismo en testigo de su época, como Bertrand

«Poesía es todo lo que se mueve. El resto es prosa.»

Nicanor Parra, 1914-2018

ambicionó con el pasado. Con respecto al poema en prosa, Baudelaire consideraba que debía sonar en él un ritmo poético, para evitar caer en el relato, y dejar de ser poesía.

El rastro de los *Pequeños poemas en prosa* sigue en dos textos contemporáneos a la escritura de Charles Baudelaire. Uno de ellos empuja a la poesía francesa a la alfombra roja de la modernidad: *Una temporada en el infierno*, del *enfant terrible* Arthur Rimbaud, que adopta la forma del poema en prosa para su arrebatada escritura, generosa en símbolos e imaginaciones; tres años más tarde insistirá en el género con *Iluminaciones*, otro volumen de poemas en prosa. Y en el año de la publicación de la obra de Baudelaire se publica, también, un libro extraño en su composición: *Los cantos de Maldoror*, del conde de Lautréamont, una obra tejida con poemas en prosa, narraciones, fragmentos de obras ajenas y relatos de sueños y pesadillas. No cabe duda de que Isidore Ducasse —nombre real de su autor— conocía los *Pequeños poemas en prosa* gracias a su aparición en las revistas de la época.

La idea en síntesis: el poema en prosa, texto con sentido propio

22 La prosa poética

En el nacimiento de la prosa poética se verá implicado un viejo conocido: James Macpherson [ver capítulo 6], falsario y creador del bardo Ossian. Gracias a sus poemas, o más bien gracias a las traducciones realizadas de sus poemas, surge una expresión fronteriza entre el verso y la prosa, que comparte latido con una pero forma con otra.

De la prosa poética —que no es poesía— surgirá algunas décadas más tarde el poema en prosa. Pero no adelantemos acontecimientos, y centrémonos en el instante en el que alguien decide aplicar para la prosa los recursos de la poesía. Quizá vivamos la época de la Ilustración en Francia, cuando los dramaturgos de éxito decidan prescindir de las limitaciones expresivas del verso —y sus reglas con respecto a la métrica y la rima—, y expresar acciones y reacciones con la palabra más fluida que permite la prosa. Sí, quizá ocurra entonces, con decisiones como la de Molière, que opta por acercar los discursos del teatro a los discursos de la vida, con esos personajes que se expresan «en prosa sin saberlo». Con el abandono del verso no ya como molde poético, sino como molde literario —ya asentadísima la prosa para la narrativa, eso sí—, los escritores en los distintos géneros comienzan a indagar las posibilidades de la prosa... con los conocimientos de la poesía.

«Todo lo que no es prosa es verso y todo lo que no es verso es prosa.»

Molière, 1622-1673

Cronología

1761	1770	1838
James Macpherson «traduce» a Ossian	Versiones de parte de la *Edda poética* por Paul Henri Mallet	Vicenta Maturana comp[one] su *Himno a la luna*

Antecedentes

Viajemos ahora del espíritu narrativo en la poesía al espíritu poético en la narrativa: el mundo al revés, o el *big bang* de la prosa poética. Porque algunos críticos sitúan como precedentes de esta expresión los grandes poemas épicos, que se compusieron en verso con la intención de contar historias: en el caso de la prosa poética, los primeros autores que recurren a ella en sus obras no dejan de combinar su voluntad narrativa con aquellos recursos poéticos aprehendidos del verso, en una armonía heredada de las grandes epopeyas. En este sentido, algo posterior a Molière es la obra de François Fénelon, cuya novela *Las aventuras de Telémaco* (1699) adopta la forma de epopeya... en prosa. Sin embargo, esta obra no merecería aún el calificativo de «prosa poética», puesto que el contenido narrativo pesa sobre el lírico: posee largos parlamentos narrativos que terminan asfixiando cualquier atisbo de paréntesis poético.

El peso de los traductores

Nos referíamos a los dramaturgos de finales del siglo XVII, pero en otros trabajadores de la palabra recaería la responsabilidad de los primeros textos en prosa poética: los traductores. Aquellos traductores también de la época ilustrada, e incluso algunos asentados ya en el prerromanticismo, que ante la dificultad de traducir a su idioma el verso en lengua ajena, optaron por la prosa como solución. Y aquello que consideraron un mal menor, por no reproducir la forma para no huir de la fidelidad al contenido y los recursos, terminaría originando una expresión nueva.

Entre estas primeras traducciones del verso a la prosa poética figuran los extensos fragmentos de la *Edda poética* —los poemas mitológicos y cantos en nórdico antiguo que reú-

1842 **1869**

Gaspar de la noche, de Aloysius Bertrand

Pequeños poemas en prosa, de Charles Baudelaire

nen la mayoría de leyendas de Escandinavia— que Paul Henri Mallet incluyó en su estudio sobre *La antigüedad nórdica* (1770), o las distintas y tempranas versiones al francés de los poemas de Ossian. Un trabajo —en este caso— contaminado desde su inicio, puesto que —a su supuesta vez— James Macpherson ya había versionado los originales de Ossian al inglés de la época, en lo que José A. Millán Alba llama «prosa ritmada».

El caso de Vicenta Maturana

Marta Agudo resaltaba el interés con el que las poetas españolas del XIX recibieron la innovación de la prosa poética... o del poema en prosa. Así lo atestiguan textos de Carolina Coronado y Rosalía de Castro, o Vicenta Maturana, anterior a ambas. En 1838 se publica *Himno a la luna: poema en cuatro cantos*, compuesto en un período de ocho años y que recurre a la misma impostura que ya guiara a Parny: disfraza su obra de traducción del *Himno al Sol*, del Abate Reyrac, texto con el que comparte algunos elementos pero del que se distancia por sus denuncias de la marginación a la que es sometida la mujer.

Primeras obras fronterizas

Por la profusión de traducciones en esta expresión fronteriza desde el verso, fijaríamos en Francia el origen de la prosa poética: por ejemplo, François-René de Chateaubriand compone partes de *Los mártires* (1809) después de la lectura de la *Edda* que tradujo Mallet, inspirándose no solo en el contenido, los recursos y el tono, sino —de manera intensa— en la forma. De varias décadas anteriores son las *Canciones malgaches* (1787) de Évariste de Parny, presentadas también como traducciones —en un juego de autoría— y admitidas ya por muchos críticos como poemas en prosa, adelantando el reloj del poema en prosa en varias décadas con respecto a los *Pequeños poemas en prosa* de Charles Baudelaire. Tampoco se clasifican con facilidad tres obras posteriores: *Vapores, ni verso ni prosa* (1838), un explícito título de Xavier Forneret; *El centauro* (1840), obra póstuma de Maurice de Guérin que presagia el ambiente de la bohemia [ver capítulo 40]; y *Gaspar de la noche*, de Aloysius Bertrand, en el que se imitan las heroicas baladas medievales y se quiebra la narración para ceder espacio a la reflexión lírica.

La prosa lírica

En ese punto reside la mayor característica de la prosa poética: no se entiende desgajada de su obra narrativa de origen. Mientras que el poema en prosa nace con el carácter del fragmento —de acuerdo con los nuevos géneros y subgéneros de la vanguardia del XIX—, con la vocación de texto independiente por sí mismo, con significado y sin referencia, la prosa poética forma parte de otra obra. Igual que ocurre en *Gaspar de la noche*, la prosa poética se entiende acaso como paréntesis de la prosa; como puerta abierta para el sueño y la lírica.

La prosa poética también se conoce como «prosa lírica», debido a su carácter fronterizo entre diversas propuestas: la gráfica evidente de la prosa en la forma, el latido sabio de la poesía en el fondo. Y es que la prosa poética comparte con el poema muchos de sus recursos: desde luego no el del verso en cuanto al molde al que se ajusta la palabra, pero sí las ambiciones —y las respiraciones— que se presuponen a la poesía [ver capítulo 1].

La idea en síntesis: la prosa poética comparte recursos con la poesía, pero no tiene vida propia

23 La poesía narrativa

De la forma de la poesía y sus recursos se sirvieron también el teatro y la narrativa. ¿Qué ocurre cuando la poesía se asoma a la voluntad de estos géneros? Se propician «moldes» como el de la poesía narrativa: igual que en el juego infantil, un género parece, otro género es...

La poesía narrativa es una de las versiones más esenciales de la poesía, entendiendo el adjetivo en varios sentidos diferentes: en el de su pureza original, puesto que la poesía —su forma, sus recursos— nace para contar historias, y en el de su condición central, puesto que muchos de los grandes textos poéticos compuestos a lo largo de la historia «encajan» en esta clasificación.

Antecedentes

Al abordar los orígenes de la poesía [ver capítulo 2] nos referíamos a su condición híbrida: desde la forma del poema, con la puesta en escena del teatro, se narraban historias igual que siglos más tarde se cuentan en las novelas o en los relatos. El primero de los textos poéticos que se conservan, el *Poema de Gilgamesh*, encaja por su forma y por su espíritu en la clasificación de «poesía narrativa», y ocurre igual con los grandes poemas que fijaron la historia —y sus mitos— de Grecia y de Roma. En una hipotética —e inabarcable— gran antología de la poesía narrativa figurarían las obras atribuidas a Homero —*La Ilíada*, *La Odisea* y los himnos— o *La Eneida*, de Virgilio.

Cronología

siglo I a. C.	1845
La Eneida, de Virgilio	*El cuervo y otros poemas*, de Edgar Allan Poe

Si te apasiona la literatura medieval —por su presencia continua en este libro, intuirás ya que se trata de una época fundamental para la formación de géneros y subgéneros, y de conceptos como el del libro o la autoría—, te resultarán familiares los cantares de gesta, las epopeyas o la poesía épica [ver capítulo 35], que se forjan con anterioridad pero se asientan durante esos siglos. Cada uno posee sus peculiaridades, a las que apuntamos por extenso en otros tramos de este libro, pero dos vínculos las conectan: uno que tiene que ver con lo que cuentan, siempre acotado a sucesos de la historia —reales o ficticios, qué más da [ver capítulo 6]—, y otro con la forma, de nuevo el poema narrativo. Nuestro *Poema de Mio Cid* lo es, lo es la *Edda* islandesa, y también incluso *La Divina Comedia* de Dante Alighieri [ver capítulo 36], que introduce nuevos elementos en el poema narrativo: por así decirlo, un mayor refinamiento en la una estructura narrativa y un dibujo de personajes complejos, ausente en experiencias anteriores.

«Escribo echada sobre mis almohadas. Los ojos medio cerrados. Es un acto un poco nupcial.»

Marosa di Giorgio, 1932-2004

Forma y recursos

Porque... ¿qué es un poema narrativo? Muy sencillo: un texto literario que se sirve de las tácticas formales de la poesía —la división en versos y estrofas, esto es, la forma del poema; y aspectos como la métrica [ver capítulo 12], la rima [ver capítulo 13], el ritmo [ver capítulo 14] o las metáforas [ver capítulo 25], entre otros recursos literarios— y las aplica con una intención narrativa. Si en la poesía lírica se escucha la voz del yo poético —identificable o no con la de quien escribe—, por lo general en primera persona, en la poesía narrativa la voz se cede a los personajes

1879

Ve la luz *Martín Fierro*, de José Hernández

1915

Se publica *Antología de Spoon River*, de Edgar Lee Masters

Edgar Allan Poe

El nombre de Edgar Allan Poe (1809-1849) nos remite al cuento, pero también debemos pensar en él a propósito de la poesía —se le considera uno de los tres pilares de la poesía estadounidense—, y de la poesía narrativa: algunas de las cumbres de este subgénero llevan su firma. El poder de su mundo simbólico alentaría a poetas franceses como Charles Baudelaire [ver capítulo 40], y en la poesía latirán también las constantes de su narrativa: la tensión entre la vida y la muerte, el misterio... Sus tres obras más importantes en este género son *El cuervo, Ulalume* (1847) y *Annabel Lee* (1849).

que la habitan. Existe un protagonista, se reparten papeles secundarios, y lo que les sucede ocurre en espacios muy diversos, igual que en una novela o en una película.

La extensión total del poema narrativo suele ser considerable: bien porque se organice en una sola tirada —separada o no por estrofas; no se trata de una norma, eso sí, puesto que hemos disfrutado de excepciones como *Annabel Lee*, el breve poema narrativo de Edgar Allan Poe [ver destacado]—, bien porque se divida en varios poemas, muchas veces relativos a cada suceso, personaje o espacio. Esta última opción entronca con el concepto contemporáneo del poema narrativo, en el que se emplea para armar poemarios [ver capítulo 17] con una coherencia formal y una cohesión temática.

El poema narrativo moderno

Te hablábamos de *La Divina Comedia* como el primer poema narrativo moderno, con una ambición —y unos recursos— que no se retomarían hasta siglos después. Los poetas románticos [ver capítulo 38] memorizan la fórmula, y la emplean tanto en poemas únicos, exentos de libro —abundan los ejemplos entre los románticos y posrománticos británicos: Coleridge, Alfred Tennyson...—, como en textos más extensos que sí abarcan una obra completa. Muchos de ellos recuperan la fórmula épica y la añaden al

Marosa di Giorgio

Otra forma de poesía narrativa la practica la escritora uruguaya Marosa di Giorgio. Ella recurre a otra propuesta gráfica, por así decirlo, la del poema en prosa [ver capítulo 22], para componer poemarios disfrazados de novelas: poseen una trama y unos personajes que se relacionan entre sí, a los que les ocurren cosas, pero que se guían sobre todo por el hálito de la poesía. *Los papeles salvajes* (1971) es el mejor de sus libros, y también el título de su volumen de poesía completa.

modelo dantesco; ocurre de manera intensa con aquellos poetas de naciones en formación, y cuyas obras se convierten en los grandes poemas nacionales, como *Pan Tadeusz* (1834), del polaco Adam Mickiewicz, o *Martín Fierro*, del argentino José Hernández. En esa línea tocaría incluir —omitiendo las circunstancias políticas, muy diferentes—, *El jinete de bronce* (1833), del ruso Aleksandr Pushkin. En la de los autores que construyen un poemario sirviéndose de poemas narrativos, existe una muestra brillante e innegable: la *Antología de Spoon River*, en la que Edgar Lee Masters da forma a más de doscientos caracteres —protagonistas de una veintena de historias— que se expresan en primera persona desde Spoon River, un pueblo imaginario construido en un cementerio, porque... ¡están todos muertos!

La idea en síntesis: el poema narrativo escoge la forma de la poesía y el espíritu de la narrativa

24 El aforismo

Si encerrásemos las expresiones literarias en una habitación, ¿qué lugar ocuparía el aforismo? Lo guardaríamos, sin duda, en la estantería bajo los poemas, y cerca de los textos filosóficos. Una expresión híbrida entre el chispazo de la metáfora [ver capítulo 25] y la calma del pensamiento.

La palabra *aforismo* se recoge por la RAE como la «máxima o sentencia que se propone como pauta en alguna ciencia». Despojada aquí de su carácter artístico, nos interesa sin embargo ese carácter de sabiduría que impregna el primer tramo de la definición. La acepción más ajustada —y por tanto aforística— del género la aporta la poeta, profesora y aforista Erika Martínez, que sostiene que se trata de «un texto en prosa extremadamente breve, de carácter gnómico, no narrativo y no ficcional». Eso, en su forma y en su contenido; en sus aspiraciones, recordemos que etimológicamente «aforismo» significa «delimitar». Así trabaja el aforismo: distinguiendo lo sabio entre la realidad.

Historia

Al trazar una genealogía del aforismo se considera que la expresión enraíza con fuerza por primera vez en la segunda mitad del siglo XVII, cuando el escritor francés La Rochefoucauld publica sus *Máximas*; una obra cuyo título extenso (*Reflexiones o sentencias y máximas morales*) termina apocopado ante la popularidad que alcanza entre los lectores de la época. Sin embargo, no se trataba de la primera obra aforística, puesto que en la Antigüedad clásica existieron

Cronología

siglo V a. C.
Aforismos de Heráclito en *Sobre la naturaleza*

1664
La Rochefoucauld publica sus *Máximas*

algunos autores que no tuvieron el género tan claro, pero sí la intención.

> «Los aforismos, las sentencias, en las cuales yo soy el primer maestro entre los alemanes, son las formas de la eternidad.»
>
> **Friedrich Nietzsche, 1884-1900**

Pese a que apenas se conservan unos pocos fragmentos de su obra *Sobre la naturaleza*, el filósofo Heráclito «ensayó» el aforismo en ella, utilizando frases breves de espíritu sentencioso que influirían para sus propias obras al también filósofo Demócrito y al médico Hipócrates. Ya sabes [ver capítulo 2] que en los primeros siglos de la escritura literaria toda expresión, incluso la ensayística, adoptaba la forma del verso; y a todo aquel que escribía, incluso si se dedicaba a la divulgación, se le consideraba un poeta. En este sentido, también se han querido leer algunos momentos de los *Tratados hipocráticos* (siglos V-VI a. C.) como precedentes del aforismo, sobre todo aquellos que recogen sus opiniones acerca de síntomas y diagnósticos, más evocadoras que científicas.

Pasarán más de mil años hasta identificar un nuevo paso adelante en la escritura de aforismos: siglo y medio antes de las *Máximas* de La Rochefoucauld se publicó *Recuerdos* (1512-1525), de Francesco Guicciardini, y Baltasar Gracián [ver capítulo 37] se anticipó en dos décadas con su *Oráculo manual y arte de prudencia*. En todo caso, la influencia de La Rochefoucauld no se limita a la literatura francesa —donde el aforismo, bautizado como «máxima moral», se convierte en una de las expresiones fundamentales del Barroco—, sino que el género se expande por toda Europa, apoyado también por la repercusión de los *Pensamientos* (1670) de Blaise Pascal. En el siglo XVIII se tiene constancia de la escritura de aforismos en Alemania e Italia, manteniendo el carácter moral —y el tono humorístico— de esta primera generación.

1910
Primeras greguerías de Ramón Gómez de la Serna

1976
Estudios teóricos sobre el aforismo de Gerhard Neumann

Greguerías

En pocas ocasiones un subgénero literario se ha ligado con tanta intensidad a un autor. La greguería es Ramón Gómez de la Serna, y Gómez de la Serna es la greguería. Él mismo aportó una definición matemática para esta expresión artística: «humorismo + metáfora = greguería». En la greguería el aforismo busca la sorpresa, y la encuentra con diversos mecanismos: acercando conceptos que no tienen nada que ver; invirtiendo una relación que esperamos, para lograr lo que no esperamos; vinculando dos imágenes que a priori carecen de algo en común... Con esos mimbres, Gómez de la Serna logra greguerías como esta: «La cabeza es la pecera de las ideas».

La escritura se torna agridulce en la segunda generación de aforistas, quienes lo practican durante el Romanticismo [ver capítulo 38] y sustituyen en el contenido los juicios por hallazgos: en la línea del individualismo romántico, no importa tanto que el ser humano actúe con generosidad como que actúe, que sea por sí mismo; los aforistas buscan la verdad, cada vez más cercanos a la filosofía y a la reflexión. El género se ensancha y en el siglo XIX se suceden las primeras grandes obras aforísticas: los *Aforismos* (1802-1806) de Georg Christoph Lichtenberg, los *Pensamientos* (1838) de Joseph Joubert o el *Zibaldone* (1898) de Giacomo Leopardi. La consideración de estas obras como clásicos de la literatura, unida a la reflexión teórica que Nietzsche realiza sobre el aforismo en *El crepúsculo de los dioses* (1888), marcan un punto de inflexión en la escritura de este género de géneros.

Otros aforismos

El aforismo tiene que ver con la **paremia**, un cultismo en el que se incluyen estas formas breves que combinan la reflexión y la sabiduría en el contenido, y la brillantez y la chispa en la forma. Dentro de la paremia se clasifican diversos textos de corta extensión, vigentes en diferentes épocas. En este punto conviene mencionar la **greguería** [ver destacado], una expresión que se aleja de todas ellas por su intención diferente: busca no tanto alumbrar como deslumbrar. Al **adagio** también se lo conoce como **ley**, y combina su origen popular —igual que otros de los subgéneros de la paremia— con la voluntad de moralizar, en la línea de los grandes referentes del aforismo; cuando apela a la conducta humana se conoce como **máxima**, ese nombre primero del género. Ocurre así también con el **apotegma**, de carácter más luminoso —e igualmente sentencioso—, cuya relevancia se justifica por el hecho de que debe su autoría a un personaje célebre; se trataría, en cierto modo, de un antecedente de nuestro actual concepto de cita. Por el contrario, el **wellerismo** consiste en las antípodas: una frase más o menos solemne, más o menos humorística, que se atribuye a un personaje de ficción. El **axioma** se despega del pensamiento y se acerca a la lógica de la ciencia, puesto que expresa una verdad reconocida sin argumentos ni dudas. Los **proverbios** y **refranes** tienen en común su autoría popular, puesto que se han integrado con tanta fuerza en el imaginario que todos conocemos qué dicen, pero nadie recuerda quién los dijo.

La idea en síntesis: el aforismo concentra un mensaje hondo en pocas palabras

25 Las figuras literarias y sus tropos

Una figura literaria es un recurso lingüístico que transforma el significado de una palabra —o de un conjunto de ellas— al modificar el uso que suele asignársele. Este cambio —mínimo en la mayoría de ocasiones— permite «elevar» un texto, distinguirlo, y convertirlo en una obra artística.

Estas figuras no se utilizan de manera exclusiva en la escritura poética, sino que están presentes en otros géneros no solo literarios: la narrativa, el teatro, la oratoria… y encajan entre los recursos de una disciplina transversal, esto es, que afecta a muchos campos diferentes: la retórica.

¿Qué es la retórica?

La retórica obedece al *ars bene dicendi*, esto es, el «arte del bien decir»: lograr, gracias a la manera correcta de expresarlo, que el mensaje que se emite obtenga un eco positivo por parte del interlocutor. Si la transmisión del mismo se limita a la oralidad, se distinguen dos etapas: la *memoria*, el arte de aprender lo que tenemos que decir, que puede ser *naturalis* o *artificiosa*; y la *actio* o *pronuntiatio*, que tiene que ver con el tono de voz o los gestos a los que recurrimos cuando hablamos. Según la estructura que se aplique a este discurso, ya en el plano escrito, existen —a su vez— tres etapas: la *inventio*, en la que se fijan los contenidos del

Cronología

siglo IV a. C.
Alusiones de Aristóteles a la metáfora

1739
Tratado de los tropos, de César Chesneau Dumarsais

La metáfora

Literalmente, *metáfora* quiere decir —en la voz griega original— «traslado» o «desplazamiento». Igual que sucede en otros tropos, en la metáfora el significado de la palabra se modifica hacia una realidad parecida —y nunca mimética— a la que describe. Imagina una comparación en la que se omiten el objeto de partida y el adverbio; en esa analogía reside la clave que diferencia la metáfora del resto de tropos. Puedes comprobarlo en estos versos de Delmira Agustini, con su habitual tensión entre cuerpo y sensualidad: «Copa de vino donde quiero y sueño / beber la muerte con fruición sombría, / surco de fuego donde logra Ensueño / fuertes semillas de melancolía». Se refiere, en efecto, a la boca.

discurso; la *dispositio*, en la que se organizan las partes de la *inventio*, incluyendo etapas como el exordio —para captar la atención del público— o la peroración —para apelar a sus sentimientos—; y por último la *elocutio*, el estilo, la forma de transmitir nuestro mensaje. En la *elocutio*, en la construcción estética de nuestro discurso, encajarían las figuras literarias.

Las figuras literarias

En su manual *Introducción a los estudios literarios* (1966), Rafael Lapesa establece algunas referencias para el lenguaje literario, que «necesita especialmente poseer claridad, propiedad, vigor expresivo, decoro, corrección, armonía, abundancia y pureza». Todos estos objetivos se alcanzan mediante las figuras literarias; elementos que forman parte del *ornatus*, una de las fases de la *elocutio*: la referida al cuidado por la belleza en la expresión, y a la manipulación del lenguaje para facilitar que el mensaje alcance al receptor.

1936

Edición de *La filosofía de la retórica*, de Ivor Armstrong Richards

1975

Paul Ricoeur publica *La metáfora viva*

Aunque en ocasiones se consignan como «figuras retóricas», «figuras del discurso», «recursos literarios», etcétera, su función en el poema no varía: el significado de la palabra se mantiene. El aspecto que se transforma es el del uso, abarcando planos muy distintos: el de la gramática, el del léxico, el de la sintaxis... Las figuras literarias suelen clasificarse en dos grandes grupos: las figuras de dicción [ver capítulo 26] y las figuras de pensamiento [ver capítulo 28]. Sin embargo, dentro de esa primera categoría suele distinguirse un subgrupo, el de las figuras de construcción [ver capítulo 27].

Los tropos

Aludimos en este capítulo a un recurso de la retórica diferenciado de las figuras literarias, pero integrado en los elementos del *ornatus*: los tropos. Entendemos los tropos como las figuras con las que las cosas no se llaman de la forma habitual, sino que su «nombre» depende del mundo creativo del autor. Los tropos sustituyen el nombre y su realidad por otro nombre y por otra realidad. ¿En qué se diferencian los tropos de las figuras literarias? En que las figuras realizan un trabajo con el lugar que ocupa la palabra en el poema, por así decirlo, mientras su significado permanece inalterable; y los tropos modifican el significado, sin importar dónde se coloque la palabra, o su relación con las demás.

«Una imagen es un alto que hace la mente entre dos incertidumbres.»

Djuna Barnes, 1892-1982

El tropo de uso más habitual es la metáfora [ver destacado], aunque no se trata del único; de hecho, la metáfora se confunde con ellos en muchos de sus usos. Por ejemplo, la **metonimia**, que mediante la identificación entre dos expresiones o palabras logra que una evoque de forma directa a la otra. Existen muchos ejemplos hermosos, pero nos apoyamos en unos versos de Federico García Lorca [ver capítulo 42]: «Cuando las estrellas / clavan rejones al agua gris». Las estrellas se presentan iguales a rejones, con su asta y marca de muerte; el agua gris clarea el color de la noche cerrada, y anticipa el duelo.

Dentro de la metonimia suele encuadrarse la **sinécdoque**, un tropo que cede el significado de una expresión a otra, igual que en estos versos de Alejandra Pizarnik: «Tan vacío devuelto por las sombras. / Tan vacío rechazado por los relojes». ¿Devuelven las sombras, o aquellas personas a las que pertenecen? ¿Los relojes rechazan, o es el tiempo el que borra las posibilidades? La sinécdoque avanza en varias direcciones: asigna a un todo el nombre de una de sus partes, a un objeto el material que lo conforma, a un género la especie en la que se encuadra, o viceversa.

Otro de los tropos que reconocerás en muchos poemas es la **sinestesia**. La sinestesia —un fenómeno neurofisiológico— reúne dos sensaciones que asociamos a sentidos diferentes, o a ámbitos distintos de la percepción: una sinestesia se reconoce al mencionar el sabor de un color o el olor de un sonido. Este recurso lo utilizaron los poetas franceses del XIX [ver capítulo 40], refrendando la teoría de las correspondencias de Charles Baudelaire [ver capítulo 27], así como autores en lengua castellana como Rubén Darío [ver capítulo 41] y sus coetáneos modernistas. Al autor nicaragüense debemos ejemplos muy claros, y ya clásicos, como «dulces azules» o «sonoro marfil».

La idea en síntesis: las figuras literarias trabajan con la forma de la palabra; los tropos, con su contenido

26 Las figuras de dicción

La función de las figuras de dicción se sustenta en el lugar que ocupan las palabras en el verso: si cambiamos su orden, el recurso literario... ¡desaparece! Algo —ese orden alterado y caprichoso— que se consigue mediante la combinación de palabras, la suma, la omisión y la repetición.

Mediante el **asíndeton** se eliminan las conjunciones, subrayando así el dinamismo de la escritura. Lo hace Pilar Cibreiro en este fragmento de uno de sus poemas en prosa [ver capítulo 22]: «El oficio del sol, el de la lluvia, el del viento alborotando los árboles, el del fuego, son oficios de dioses destronados». Incluye también una enumeración [ver capítulo 28], que nos permite comprobar cómo los recursos literarios no ocupan compartimentos, sino que se mantienen en un diálogo continuo.

Por el contrario, el **polisíndeton** consiste en la incorporación a la frase de más conjunciones de las que se entenderían necesarias; el diccionario académico precisa que se busca «dar fuerza y energía» con esta figura. Si de eso se trata, Menchu Gutiérrez lo consigue en este verso: «No eres capitán ni soldado ni una pequeña alondra». Más conjunciones, mayor rotundidad.

Con el **calambur** se agrupan las mismas sílabas en palabras diferentes, logrando así alterar el significado sin tocar la forma. Francisco de Quevedo lo hizo en el verso «Ella esclava y él esclavo que quiere hincársele en medio», de

Cronología

1614	1631
Un poema narrativo de Miguel de Cervantes: *Viaje del Parnaso*	Se imprimen por primera vez los poemas de fray Luis de León

Tipos de figuras de dicción

La retórica contempla diferentes maneras de transformar las palabras sin manipular su significado, tan solo limitándose a modificar el orden de las mismas. Por lo tanto, existen cuatro categorías en las que se encuadran las figuras de dicción. Aquellas en las que se suprimen las palabras se llaman figuras de omisión; aquellas en las que los términos que se quieren resaltar cambian su sitio dentro de la frase son las figuras de posición; las que recurren a elementos lingüísticos que ya han aparecido en el texto con anterioridad se nombran como figuras de repetición»; y se conocen como metaplasmos [ver destacado] o figuras de transformación aquellas que apelan al cambio del orden... dentro de la propia palabra. No en vano, el significado de «metaplasmos» es «remodelación»: derruir ciertos aspectos de la palabra de siempre para presentar una nueva.

manera que el juego de palabras —y la intención pícara— transforma «esclavo» en «es clavo», dotando a la oración de otra temperatura.

La **derivación** —uno de los nombres de un recurso conocido también como **políptoton**— se sirve de palabras distintas en su forma definitiva y en su significado, pese a que procedan de la misma raíz. Encontramos un uso de la derivación en fray Luis de León, que reúne «envidiado» —quien sufre la envidia— y «envidioso» —quien la siente—: «y a solas su vida pasa / ni envidiado ni envidioso».

Antes del sustantivo —con excepciones, eso sí— se sitúa un adjetivo que no se utiliza para calificarlo, sino para subrayar una característica que se le entiende implícita. Este recurso se llama **epíteto**, y figura en versos como este de Miguel de Cervantes: «Las espinosas zarzas y puntuosas carboneras».

1949

Canciones para niños, debut de Gloria Fuertes en la literatura infantil

1968

Alejandra Pizarnik publica *Extracción de la piedra de la locura*

Los metaplasmos

Entre las figuras de dicción, los metaplasmos —cuyas circunstancias tienen casi más que ver con la lingüística que con la retórica— destacan tanto por su complejidad como por las posibilidades que ofrecen a la poesía, un género en el que aparecen con mayor frecuencia que en la prosa. Estas modificaciones en el orden de los elementos lingüísticos —aplicadas tanto a consonantes como a vocales— no se realizan en el plano de la escritura, entendida como representación gráfica, sino en el de la escucha: el de los sonidos.

Los metaplasmos abarcan dos vías de cambios fonéticos: añadiendo sonidos o suprimiéndolos. En el primer caso, los sonidos pueden incorporarse al principio de la palabra (prótesis), en el centro (epéntesis) y al final (paragoge); en el segundo, también los sonidos se suprimen al comienzo de la palabra (aféresis), en el centro (síncopa) y al final (apócope).

Dentro de los metaplasmos también encontramos otras experiencias de eliminación de sonidos. En la haplología se suprime a una sílaba parecida a otra, que aparece contigua en la misma palabra; por ejemplo, «cejunto» en lugar de «cejijunto». Con respecto a la atenuación o debilitación, se distinguen cuatro casos: la asimilación, en la que se acercan dos letras sin cercanía anterior; la contracción, en la que dos letras se funden; la disimilación, en la que dos letras que eran la misma aparecen ahora como diferentes; y la metátesis o la transposición, en la que se cambia el orden de las letras.

En la **onomatopeya** se imitan los sonidos reales —un golpe contra el suelo, el quejido de un animal: piensa en las viñetas de los cómics— transcribiéndolos casi con literalidad, y recurriendo al ritmo de las palabras o de los sonidos que se incluyen en el verso. En torno a esta figura, Gloria Fuertes articuló uno de sus poemas infantiles: «Kikirikí, / estoy aquí, / decía el gallo / Colibrí».

«Es muro es mero muro es mudo mira muere». Este bellísimo verso de Alejandra Pizarnik, que tras el primer golpe nos invita a releer con parsimonia cada uno de sus «tramos» —el «mero muro», el muro «mudo», el muro que «mira» y

«Es imposible traducir la poesía. ¿Acaso se puede traducir la música?»

Voltaire, 1694-1778

luego «muere»—, contiene una **paronomasia**: el juego de palabras en el que se repiten palabras de sonidos semejantes y significados diferentes.

La inversión de los términos que conforman una frase en la siguiente, de modo que esa segunda oración ejerza como contraste o antítesis de la original, se llama **retrúecano**. Luis de Góngora se sirvió de él en estos versos: «Son perras de muchas bodas / y bodas de muchos perros». Si el retruécano dibujase su trayectoria, este ejemplo dejaría el rastro cruzado de una equis.

Este verso de Andrea Luca nos permite comprobar de manera muy clara en qué consiste la **sinonimia**: «Que dónde mi cintura de bélica amazona». Mediante la sinonimia se añaden palabras o ideas sinónimas, que significan lo mismo, y buscan aclarar o insistir. El personaje mítico de la amazona nos remite a una mujer guerrera, pero en este caso se subraya su fiereza con el adjetivo «bélica».

La idea en síntesis: el sitio de las palabras en el verso, clave en las figuras de dicción

27 Las figuras de construcción

Las figuras de construcción apelan a la función que cumplen al construir el poema, y a la alteración del orden lógico —en cuanto a género, número y persona— sin quebrar el sentido de la frase. Este subgrupo se integra en las figuras de dicción, e incluye muchas de las figuras más utilizadas.

La **aliteración** consiste en la repetición —combinando varios sonidos, o centrada en uno solo— de ciertos fonemas iguales o similares a lo largo de un verso o de una estrofa, generando una ilusión sonora: la de que «escuchamos» esa música que se busca imitar. La española Isla Correyero recurre a la aliteración del fonema /s/ para reproducir el sonido del crepitar del fuego, tal y como oirás si recitas estos versos en voz alta: «Está sentado al fondo del salón / y su carne despide frías llamas».

En cuanto a la **anáfora**, se consigue mediante la repetición de una palabra —o concepto— o varias en el comienzo de cada verso, aportando otro nombre a esta figura: el de **repetición**. Luisa Castro recurre a ella en estos versos: «en mi alma de cacharro o / en mi alma como un verbo». Esta figura arrastra dos confusiones: por la estructura que suele originarse a raíz de su uso, con el paralelismo [ver destacado]; y por su nombre, con el fenómeno gramatical que la RAE define como la «relación de identidad que se establece

Cronología

1522	1871
Garcilaso de la Vega llega a Nápoles	Publicación póstuma de las *Obras completas* de Bécquer

El paralelismo

Se recurre al paralelismo cuando se emplea una estructura simétrica, verso a verso, desde el punto de vista gramatical; no se trata de una anáfora, por lo tanto, puesto que esta figura emula elemento a elemento, de forma mimética. Sucede así en estos versos de la chilena Gabriela Mistral: «La tierra más verde de huertos / la tierra más rubia de mies / la tierra más roja de viñas». Después de que se repita el inicio de cada verso («La tierra más»), varían tanto el adjetivo («verde», «rubia», «roja») como el término por el que califica («de huertos», «de mies», «de viñas»).

entre un elemento gramatical y una palabra o grupo de palabras nombrados antes en el discurso».

En el **apóstrofe** se interpela a un interlocutor —persona o cosa, presente o ausente— con cierta vehemencia, recurriendo a las exclamaciones y —dependiendo del idioma que se emplee— casos como el vocativo o modos como el imperativo; incluso el autor o la autora forman parte de esta llamada, en ocasiones, como llamada a la acción o la reacción. Lo utilizó Gustavo Adolfo Bécquer, el poeta posromántico [ver capítulo 38], en su célebre rima LII, que comienza así: «Olas gigantes que os rompéis bramando / en las playas desiertas y remotas, / envuelto entre sábanas de espuma, / ¡llevadme con vosotras!».

Como sucede con otras figuras literarias, este recurso posee su espejo en la lingüística, donde se utiliza con una función similar. En la **elipsis** como recurso de construcción se eliminan una o más palabras, que el contexto del poema ayuda a sobreentender; en la elipsis gramatical ocurre así, también, porque al suprimir la palabra —o las

1910
Nace el poeta Miguel Hernández

1945
Gabriela Mistral obtiene el Premio Nobel de Literatura

El zeugma

Se trata de una figura que apela a la sintaxis, y que tiene que ver con la elipsis: en ella un elemento se convierte en común para otros de la oración. Por ejemplo, varios sujetos comparten el mismo verbo, aunque solo aparezca en una ocasión y se sobreentienda en el resto. Sucede en estos versos de Miguel Hernández, en los que la forma verbal «fomentas» influye en el resto de elementos: «La rotación del fruto, la alegría / del pájaro fomentas / y el bienestar y la salud de paso». Existen varios tipos de zeugma: el simple, cuando el elemento «compartido» se mantendría igual en su combinación con los demás a los que atañe, y el complejo, si este elemento tuviera que variar en el caso de que se especificara. También dependiendo del lugar que ocupe ese elemento común en la oración: prozeugma si lo abre, mesozeugma si figura en el centro, e hipozeugma hacia el final.

palabras— la oración conserva su sentido. Así lo comprobamos en estos versos de María del Carmen Pallarés, ganadora del premio Esquío: «Qué ademán en azul / el de la plaza / entre las claraboyas del invierno». Ha desaparecido el verbo, pero entendemos igual.

El **encabalgamiento** permite que la oración finalice no con el verso, como dictarían las leyes gráficas del poema —la llamada «pausa versal»—, sino en uno de los versos siguientes; el inmediato, o más allá. Este recurso se utiliza especialmente en la poesía contemporánea, tan abierta a la experimentación con el ritmo [ver capítulo 14]. Un buen ejemplo son estos versos de la poeta de la poeta Idea Vilariño («Ya no estás / en un día futuro»), que se sirve además de la supresión de signos de puntuación, o muchos de los poemas de la generación *beat* [ver capítulo 43]. Cuando el final del verso coincide con el final de la oración, marcada con un punto —seguido o final—, recibe el nombre de **esticomitia**.

Para hablarte sobre el **hipérbaton** recurrimos a unos versos de Garcilaso de la Vega: («[…] Salicio juntamente y

Nemoroso, / he de cantar, sus quejas imitando [...]». Como ves, en esta figura se invierte el orden gramatical —y esperado— de las palabras, algo que se logra de formas muy distintas: mediante la **anástrofe**, en la que la inversión del orden se refiere a las palabras inmediatamente sucesivas, o con la **histerología**, con la que se especifica antes lo que debiera colocarse después.

«Un escritor es alguien que con unos muebles hace un árbol.»

Anne Sexton, 1928-1974

Con el **pleonasmo** se añaden a un término o a un conjunto de palabras otras que no se necesitan, y que parecen redundantes —porque no modifican el significado, sino que insisten en él—, pero que subrayan con intensidad aquello que se cuenta. El poeta Miguel Hernández se sirve de él en estos versos: «Temprano madrugó la madrugada». Tres términos que se acumulan, y suman más que restan.

La idea en síntesis: las figuras de construcción vuelven lógico el orden ilógico del poema

28 Las figuras de pensamiento

Las figuras de pensamiento no guardan tanta relación con la forma del poema —el sitio que se asigna a la palabra o su función en el texto— como con su significado, y con el significado que connota la palabra: tienen más que ver con el enunciado y con la idea que queremos expresar.

Esa idea que recogen y modifican las figuras de pensamiento es alcanzada por vías diferentes: ampliando los contenidos del texto —no en cuanto a su extensión, sino en cuanto su lugar simbólico—, sumando elementos que completarían el significado que ya se recoge o describiendo los que se vinculan a la palabra.

La **antítesis** —a la que también se asigna el nombre de **contraste**— enfrenta dos ideas con el objetivo de resaltar una de ellas. En la mayoría de ocasiones, se escogen dos elementos manifiestamente contrarios, en los que no quepan grises que originen la duda, aunque otras veces la diferencia es más sutil. Puesto que en muchas ocasiones las figuras literarias no se ciñen a un término único, sino que abarcan un grupo de palabras, rescatamos como buen ejemplo estos versos de Ángel González [ver capítulo 30]: «[...] creer con fuerza tal lo que vimos / nos invita a negar lo que miramos».

Cronología

1611	1857
Edición definitiva de las *Rimas* de Lope de Vega	Se publica el poema "Correspondencias", de Charles Baudelaire

«La belleza es el único estado legítimo del poema.»

Edgar Allan Poe, 1809-1849

En la **enumeración** se acumulan elementos mediante dos vías: la yuxtaposición marcada por signos de puntuación —la coma, por lo general— o las conjunciones. Ocurre en el soneto [ver capítulo 19] CXXVI de Lope de Vega [ver capítulo 37], ese que comienza con «Desmayarse, atreverse, estar furioso», y al que se suman trece versos en los que se define que «esto es amor». La estructura de esta figura marca la diferencia entre los conceptos que se emplean, por lo que entre ellos no existe relación alguna de igualdad: funcionan a modo de tótem.

Existen dos figuras que emplean la tipografía —y el tono que imprime a la expresión— para enfatizar el mensaje, transmitir emoción o subrayar un sentimiento: la **exclamación** y la **interrogación**, en las que se recurre a los signos correspondientes para marcar, más que un significado, una entonación. El primer recurso lo utiliza la poeta española María Ángeles Maeso: «¡Y cómo fue que seguí viviendo!», asegura no preguntándose, sino celebrándolo.

La descripción exagerada de la realidad —en cualquiera de sus recovecos: características físicas, psíquicas, etcétera— se considera **hipérbole** o, de manera más explícita, **exageración**. Miguel Hernández recurrió a ella en estos versos: «Tanto dolor se agrupa en mi costado / que por doler me duele hasta el aliento». El aliento no duele, pero se impregna de la fuerza del dolor del poeta. Esta figura tiene una presencia importante en el día a día, donde se utiliza —¿quién no ha exagerado alguna vez?— incorporada al lenguaje coloquial.

1922

La vanguardia en castellano estalla con *Trilce*, de César Vallejo

1954

Se publica *Odas elementales,* de Pablo Neruda

La teoría de las correspondencias

Una poética es un texto en el que un creador reflexiona sobre su trabajo; el texto no siempre aparece ligado a este género, sino que en muchas ocasiones se emplea también cuando un artista de otra disciplina pone por escrito sus reflexiones acerca de lo que hace, sus intenciones, su tradición y otros elementos que forman su estilo. Se considera también una ciencia que estudia las artes, en la que ahondaron desde Aristóteles a Paul Valéry.

En cierto modo, el poema "Correspondencias" funciona como la poética de Charles Baudelaire [ver capítulo 40], y desarrolla las ideas fundamentales de su teoría de las correspondencias, guía de muchos de los aciertos estéticos del simbolismo francés o del modernismo en castellano. Destaca sobre todo la manera en la que Baudelaire apunta a la sinestesia [ver capítulo 25] como tropo fundamental para la construcción del lenguaje poético moderno: los sentidos que la poesía necesita para alcanzar su significado pleno se agudizan cuando se alteran sus funciones. En esa capacidad para el asombro reside la poesía.

Partiría de la antítesis el **oxímoron**, puesto que contrapone de nuevo dos términos —coincidentes en el mismo sintagma— en los que sin embargo no se genera un choque, sino una tercera idea; este surgimiento de un tercer concepto, revelador a su manera, parece muy atractivo para propuestas como la de la poesía mística [ver capítulo 29]. La muestra pertenece a un poeta muy visionario y nada religioso, César Vallejo: «Alejaos de mí, buenas maldades, / dulces bocas picantes».

Una vez más, la antítesis propicia un nuevo recurso literario, la **paradoja**, en la que las ideas se muestran contrarias no ya al situarlas la una junto a la otra en el poema, sino desde el punto de partida. Una de las imágenes a las que se suele recurrir cuando se habla de esta figura pertenece a Pablo Neruda: «El fuego tiene una mitad de frío». En efecto, nada más contrario que estos dos elementos, que el chileno reunió en una sola sugestión. También recibe el nombre de **antilogía**, menos popular.

La **perífrasis** funciona al mismo tiempo como recurso literario y como fenómeno gramatical. También se le llama **circunloquio**, y consiste en el uso de un determinado número de palabras —casi siempre amplio— para nombrar lo que podría expresarse con una sola. La perífrasis da un rodeo, igual que Jorge Manrique, que escribe «los que viven por sus manos / y los ricos» para aludir en el primer verso a los trabajadores.

La **prosopopeya** o **personificación** recorre dos direcciones diferentes: asigna rasgos propios de seres animados a seres inanimados, y cualidades humanas a animales. Se trata de uno de los recursos habituales en la obra de Federico García Lorca [ver capítulo 42], como ocurre en los siguientes versos: «La tarde loca de higueras / y de rumores calientes / cae desmayada en los muslos / heridos de los jinetes». En este caso, verás que el gesto humano de «caer desmayado» no recae en un animal, sino en un ente abstracto como «la tarde», que es además «loca».

«Abril como una cúspide de tordos / como una ensangrentada piel de prunos / como un ciprés dormido en la memoria». Estos versos de la poeta Lola Salinas arrojan la clave del **símil** o **comparación**: el uso del adverbio «como», que permite establecer una relación de igualdad entre dos ideas ya no diferentes, sino ni siquiera cercanas. En algunos casos se describe igual que una metáfora de funcionamiento más sencillo; ni siquiera tropo [ver capítulo 25], porque no altera el significado, sino que lo expone y compara.

La idea en síntesis: las figuras de pensamiento atañen al significado de las palabras

29 La poesía mística

Nada de lo humano se presenta ajeno a la poesía, y tampoco nada de lo divino le permanece al margen. También la religión —las religiones— se explican y se cantan en este género, con un tono que suele tener más relación con la espiritualidad —y el amor— que con el dogma.

La teología, la ciencia que trata de Dios —y de los dioses, además del contacto que los pobres humanos anhelan—, distingue entre dos maneras de acercarse a él: el ascetismo, por una parte, que niega los placeres materiales y busca las virtudes por la vía de la abstinencia; y el misticismo, que promueve la cercanía con Dios —la llamada «perfección religiosa»— mediante los éxtasis, reacciones en las que se confunden los elementos físicos con los espirituales. Acaso el éxtasis más célebre lo retrató el escultor barroco Gian Lorenzo Bernini a mediados del siglo XVII, y lo vivió la escritora y mística española santa Teresa de Jesús [ver destacado]. La poesía mística, por tanto, se vincula a este segundo camino que la teología contempla: el de la revelación y el carácter visionario [ver capítulo 4].

¿Poesía mística o poesía religiosa?

Aunque la relación de la poesía mística con la religión es muy directa, su motor individual —el poema recrea el encuentro con Dios, o su búsqueda, de quien escribe— permite una mayor libertad para quien crea: muchos poemas místicos se abordan desde el paganismo —desde creencias

Cronología

1039 Elegía de Ibn Gabirol a la muerte del visir Yequtiel ben Isaac

1273 Consciente de su próxima muerte, Rumi escribe su gazal más célebre animistas, chamánicas, etcétera— o ensanchan su tono hasta la filosofía, firmados por seglares o agnósticos. Fernando Rielo, uno de los máximos estudiosos de la poesía mística, ha afirmado que este subgénero «empieza donde termina la poesía religiosa».

Por así decirlo, en la poesía mística colisionan lo inefable y lo terrenal, en cierto modo también el de lo carnal; de ahí que muchos poemas de la tradición mística propicien también una lectura amorosa e incluso erótica. El éxtasis que se describe en algunos de los poemas de este tipo de escritura tiene que ver con una iluminación que reproducirán poetas tan alejados de estos credos como Arthur Rimbaud [ver capítulo 40].

En nuestro recorrido por la poesía mística nos centraremos en la producida desde las tres principales religiones monoteístas —el cristianismo, el islam y el judaísmo—, es decir, las que practican la fe en un solo dios, obviando la producción literaria de prácticas politeístas —creyentes en varios dioses— como el hinduismo o no-teístas como el budismo, esta última tan próxima a la filosofía.

La poesía mística cristiana

Los poetas místicos cristianos más relevantes escriben durante la Edad Media, antes del movimiento luterano o el protestantismo, con la excepción de los posteriores ejemplos españoles; fuera de esa época tiene especial relevancia William Blake, cuyas visiones plasmaría en su obra litera-

«Vivo ya fuera de mí, / después que muero de amor, / porque vivo en el Señor, / que me quiso para sí.»

Santa Teresa de Jesús, 1515-1582

1536
Santa Teresa de Jesús ingresa en el convento de la Encarnación (Ávila)

1630
Publicación del *Cántico espiritual* de san Juan de la Cruz

Santa Teresa de Jesús

En la vida de Teresa de Cepeda se rastrean aspectos de película, como los éxtasis que la paralizaban durante años —en los que muchos estudiosos han identificado ataques epilépticos—, las obsesivas oraciones para lograr encontrarse con Dios o la persecución sufrida al fundar la orden de las carmelitas descalzas. Al margen de sus logros biográficos, auténticos hitos para una mujer del siglo XVI, en el aspecto literario refunda en castellano el género de la autobiografía, con el *Libro de la vida* —se conserva la segunda versión, de 1565—, y aporta a nuestra literatura otros dos títulos fundamentales: los ensayos *Las moradas* (1588) y *Camino de perfección* (1598). Su obra poética no se recogió en un único volumen hasta después de su muerte.

ria y pictórica. Este hipotético canon incluiría nombres como los de la abadesa alemana Hildegarda de Bingen, Francisco de Asís y su *Cántico de las criaturas* (c. 1224-1225) o la fértil escuela española. En ella se distinguen varias místicas según la orden monástica del autor, y no conviene olvidar nombres como los de Teresa de Cartagena, fray Luis de León o Miguel de Molinos. Este último preconizó el quietismo: a Dios se le alcanzaba no haciendo nada.

El sufismo

La poesía mística más difundida del islam —que no la única— se conoce como «sufismo», un término que alude al hábito austero de quienes la practicaban. Su origen coincide con la conquista de Persia en el siglo VII, cuando se adoptan el nuevo idioma y la nueva religión. Los sufíes defienden que la búsqueda de Dios no se sustenta en aspectos racionales, y sus clásicos utilizaron formas como la casida [ver capítulo 35] o el gazal, para las odas de amor a Dios. La leyenda presenta a Rabia al Adawiyya como la primera gran poeta sufí, aunque no se conservan textos suyos, y suma a dos escritores cuya obra sí se nos ha legado: Rumi, nacido en la actual Turquía, y Hafez, en lo que hoy conocemos como Irán.

San Juan de la Cruz

Cántico espiritual, la cumbre de la poesía mística castellana —y uno de los libros más importantes en este subgénero, sin importar la lengua de escritura—, tuvo que publicarse póstumamente después de sufrir un triste proceso de censura. La relación de Juan de Yepes (1542-1591) con Teresa de Cepeda, y su complicidad en la reforma de la orden de los carmelitas, provocaron su encarcelamiento. Durante ese período escribiría los primeros poemas de su *Cántico*, influidos por cuatro lecturas bien distintas: el *Cantar de los cantares*, la poesía popular española [ver capítulo 35], la poesía italiana [ver capítulo 36] y la mística sufí. Le debemos dos grandes poemas más, entre otros textos de carácter menor: "Noche oscura" y "Llama de amor viva".

La poética de la cábala

A la mística judía nos referimos también como «cábala», voz que significa «tradición», o la interpretación alegórica —y casi esotérica— de los textos del Antiguo Testamento, que los judíos llaman Tanaj. Su estudio alcanza su mayor repercusión en la época de la Alta Edad Media, dilatándose hasta el siglo XVIII, y estableciendo un nuevo vínculo entre el misticismo y la religión: se trata de un estado posterior al de la fe. A diferencia de otras poéticas místicas, la judía elimina cualquier alusión personal —aquí se diluye la primera persona— y aboga por un lenguaje claro, contrario a las oscuras imágenes de las visiones. Destaca la obra de Ibn Gabirol, poeta y filósofo de la Edad Media.

La idea en síntesis: el camino hacia Dios, su amor y su búsqueda

30 La poesía social

Para quienes leemos en España, el término «poesía social» remite de inmediato a las dos primeras generaciones de poetas que escribieron durante la posguerra. A Blas de Otero y Gabriel Celaya, a Gloria Fuertes y Ángela Figuera Aymerich, también a Ángel González y la generación del 50... Escritores de voz clara y en voz alta, que creyeron que «la poesía es un arma cargada de futuro».

Sin embargo, la poesía social no se adscribe en exclusiva a la literatura española, ni a los alrededores de la segunda mitad del siglo XX; la intención social, política o crítica —aquí no importa el adjetivo, sino la aspiración— late en los primeros versos de la historia.

¿Existe una poesía que no sea social?

No existe literatura impermeable a la realidad: toda manifestación artística es social, incluso aquella que rechaza la etiqueta. Esa actitud que niega el carácter social o el alcance político de un texto, esa «neutralidad», implica ya un posicionamiento por parte del autor. La poesía social nace de la observación del entorno y de la realidad, del análisis de las circunstancias —propias, comunes— en las que se desarrolla la escritura; de la conciencia de que la creación no se afronta desde el aislamiento, sino en sociedad. De todos estos alrededores se «contamina» felizmente la escritura poética.

Cronología

1955
Pido la paz y la palabra, de Blas de Otero

1958
Ángela Figuera Aymerich publica *Belleza cruel* en México

Vladímir Mayakovski y Bertolt Brecht

Dos poetas se enfrentaron a la escritura de poesía social en las primeras décadas del XX, con circunstancias muy diferentes y aspiraciones también en las antípodas. Vladímir Mayakovski [ver capítulo 45] militó en el futurismo y en la revolución rusa, y distinguió entre la «poesía poética» y la «poesía periodística», esta última de carácter político y puesta al servicio de los ideales bolcheviques. Por su parte, la poesía comprometida de Bertolt Brecht —cuya producción en este género incluye libros y letras para espectáculos de cabaret, en la delgada frontera con el teatro— nace de su militancia marxista, de su rebelión ante el ascenso del nazismo y de la experiencia del exilio.

Fijémonos en dos muestras que en su lectura primera no admitirían la etiqueta de «poesía social». *La tierra baldía* (1922), el poema de poemas compuesto por T. S. Eliot, ¿obvia la experiencia de la Primera Guerra Mundial, o canaliza la reacción del poeta ante el desmoronamiento del mundo que conoce? ¿No prende la inspiración, entonces, ante un estímulo de corte político? Y los poemas de sor Juana Inés de la Cruz [ver capítulo 37], ¿no se comprenden mejor si se comprende el lugar simbólico desde el que se concibieron? Esto es: mujer, criolla, hija ilegítima en el virreinato de la Nueva España.

Rasgos

De nuevo desde nuestra idea de la poesía social —la que enlaza con los autores a los que te presentábamos en las primeras líneas—, esta escritura presenta una estética en consonancia con su ética. Hablamos de poemas que buscan —sobre todo— la conexión inmediata con quien lee; con esa

1959
Los poetas de la generación del 50 homenajean a Machado en Colliure (Francia)

1962
Ángel González obtiene en París el Premio Antonio Machado por *Grado elemental*

1968
Poeta de guardia, de Gloria Fuertes

Ángela Figuera Aymerich

Aunque nació el mismo año que Luis Cernuda, su discurso «encaja» en los moldes de la generación posterior a la posterior, la de quienes nacerían diez o quince años más tarde. Ocurre, quizá, por las mismas circunstancias que borraron su nombre de la historia: las represalias sufridas durante la dictadura por su militancia comunista, y la cronología de sus publicaciones, condicionada por los cuidados a su familia. Debuta con *Mujer de barro* en 1948, cuando su hijo ya es adolescente, y se despide de la poesía para adultos con *Toco la tierra. Letanías* en 1962, año del nacimiento de su primera nieta.

«inmensa mayoría» que soñó Blas de Otero, a la que dirigirse con un lenguaje sencillo y un estilo directo, sin perderse en juegos de metáforas ni otros recursos literarios que oscurecen el texto, y con él esa propuesta de diálogo que busca la escritura. Ángela Figuera Aymerich escribió al respecto un hermoso y combativo poema, "El cielo", en el que reprochaba a sus coetáneos que caminasen «extasiados por las líricas nubes», ignorando la «tierra sucia» sobre la que debían reflexionar. Poemas breves, entonces, como los chispazos de ingenio con los que Gloria Fuertes aspiraba a parar la guerra, o textos más extensos pero de un fuerte carácter narrativo, igual que aquellos en los que Jaime Gil de Biedma afrontaba las excentricidades de la burguesía.

Excepciones

¿Debemos guiarnos por unos parámetros fijos, o ensanchar nuestra idea de «poesía social»? Un poema comprometido, ¿acepta la carga de ironía y la pirotecnia verbal con las que poetas como Francisco de Quevedo [ver capítulo 37] arremetían contra los políticos de su época? El humor finísimo de muchos poemas de Ángel González, y la tensión que propone entre la autobiografía y la falsa autobiografía, ¿cómo dialogan?

«Más de un día me duele ser poeta.»

Ángela Figuera Aymerich, 1902-1984

César Vallejo y Pablo Neruda

Al hilo de esas poéticas excepcionales dentro de la escritura social, merece la pena detenerse en dos propuestas de gigantes autores latinoamericanos, ambos muy cercanos a nuestro país: César Vallejo y Pablo Neruda. En distintos momentos, con distintos conceptos sobre el uso de las imágenes en la poesía, ambos apuestan por una escritura que combine la crítica social —la vocación de rebelión— con el rigor estético. En el caso de Vallejo, la mayor altura en este campo la lograría con *Poemas humanos* y *España, aparta de mí este cáliz,* ambos de publicación póstuma. En el de Neruda, hay que leer *Canto general* (1950), el gran retrato poético y épico de la identidad latinoamericana.

La primera generación de poetas sociales de la posguerra española sirve como ejemplo. Al pensar en la escritura de Celaya reconocemos muchos de los rasgos canónicos: poemas breves y contundentes, escritos con el lenguaje de la calle, a ras de suelo. En cambio, la de Otero —en muchos momentos con el tono rotundo de la arenga— introduce la presencia de imágenes que en muchos momentos le incorporan a un árbol genealógico en un principio ajeno: el de una tradición hispánica que es la de Góngora, la de Rubén Darío o la del 27. Y Figuera Aymerich aporta una novedad: la del espacio, al mismo tiempo que la de la atmósfera. Sus versos suceden en la cocina y en el salón de la casa, en el mercado; nos trasladan a los espacios íntimos, a los espacios que se conciben eminentemente femeninos. Lo personal es político, una vez más, y aquí más que nunca.

La idea en síntesis: una escritura diversa en su estética y firme en su ética

31 La poesía confesional

De acuerdo: cierta poesía equivale a la emoción, provoca la catarsis de quien la escribe —o de quien la lee— y se nutre de las propias experiencias. Pero entre confesar aquello que nos duele y lograr la identificación de los lectores con un texto autobiográfico media un trecho considerable. Esta distancia la recorrieron poetas como Robert Lowell, Sylvia Plath o Anne Sexton.

En 1953, durante las vacaciones de verano, Sylvia Plath —joven estudiante de veinte años— intenta suicidarse con una sobredosis de pastillas. Ha publicado cuentos y poemas en revistas, y durante ese verano ha trabajado como becaria en el magacín femenino *Mademoiselle*. Ya late en ella la vocación literaria, que se oscurecerá tras sus enfermedades y superviviencias. No se conocen todavía, pero dos años más tarde —después de varias depresiones posparto, una por cada embarazo—, Anne Sexton celebrará su vigésimo séptimo cumpleaños imitándola. Sexton no escribe, aunque su psiquiatra le recomendará hacerlo para alejar a los fantasmas.

Orígenes y circunstancias

Por sus vidas trágicas, tanto Plath como Sexton se convirtieron en punta de lanza de la poesía confesional. Ambas conseguirían su objetivo: diez años más tarde de su primer intento de suicidio, Plath —divorciada entonces, madre de dos hijos— metería la cabeza en el horno. «¡Ladrona!», le reprocharía su amiga al conocer la noticia; «esa muerte era

Cronología

1947
Sonetos de John Berryman sobre su infidelidad

1959
Robert Lowell publica *Estudios del natural*

1959
La poesía como confesión, ensayo de Macha Rosenthal

Sylvia Plath

El último poema que escribe Sylvia Plath, la última noche antes de suicidarse, comienza: «La mujer alcanzó la perfección». Esa perfección de la muerte sobre la que hablaba en su correspondencia con Sexton se agudiza en los poemas de *Ariel,* de publicación póstuma en 1965, y siguiendo no sus indicaciones sino el criterio de Ted Hughes, su exmarido. Hughes hizo y deshizo, preparó varios volúmenes —incluyendo la *Poesía completa* por la que mereció el Pulitzer— y quemó los diarios correspondientes a su separación.

mía», lamentó ante su médico. Varias tentativas más tarde —en algunas ocasiones las anunciaba a sus familiares y amigos con un telegrama—, en 1974, Anne Sexton se encerró en el garaje, encendió el motor y se intoxicó con monóxido de carbono.

Plath sufría continuas depresiones, y a Sexton le habían diagnosticado trastorno bipolar. Ambas se conocieron en 1957 en Boston, durante un taller de escritura creativa de Robert Lowell. A Lowell, cuya vida —que incluía, aun así, largas temporadas en hospitales psiquiátricos, amén de medicación constante para aplacar sus crisis mentales— quizá limase el aura mítica de su figura, se le debe la invención de este tipo de poesía; el término *poesía confesional* lo empleó por primera vez M. L. Rosenthal, poeta y editor, que publicó en 1959 el artículo "La poesía como confesión".

Características

Este texto de Rosenthal, en apariencia una simple reseña de *Estudios del natural* —de Lowell; su cuarto libro de poemas, y

1960
W. D. Snodgrass, Premio Pulitzer

1967
Anne Sexton gana el Pulitzer por *Vive o muere*

1982
Premio Pulitzer póstumo a Plath por *Poesía completa*

Anne Sexton

Robert Lowell opinaba que Sexton poseía la fuerza, y Plath las ideas: que en Sexton había verdad, y en Plath artificio. Anne Sexton despertó del sueño americano con dos hijas que no había deseado, fruto de un matrimonio que no había deseado.

En esa duermevela salvaje escribió libros de poemas, obras teatrales y cuentos infantiles; aprendió de su admirado Snodgrass e impartió ella misma talleres de escritura, en los que —paradójicamente— advertía a sus alumnos que «todos los poetas mienten».

la primera gran obra de la poesía confesional con varias obras de John Berryman—, apuntaba ya las características fundamentales del movimiento. En opinión de Rosenthal, Robert Lowell interpretaba la poesía como una «terapia del alma», desobedeciendo a la ambición de Emily Dickinson [ver capítulo 39], quien la consideraba una «subasta de la mente». Esta contraposición —alma frente a mente, emoción frente a reflexión, lo sentimental frente a lo intelectual— no parece nueva, pero se recrudece a decir de Rosenthal, que reconoce una intensificación en el número de autores que practican «el tipo más desnudo de confesión».

En *Estudios del natural*, Lowell apostaba por un lenguaje informal, próximo al de la conversación: en sus poemas, escritos con las palabras del día a día, aborda las complejas relaciones familiares, y los problemas que se derivan de ellas. Sus poemas establecen una grieta, y por ella asoman los demonios interiores, que se liberan mediante la catarsis de la escritura. Rosenthal afirma que Lowell despoja a la poesía de la máscara simbolista tras la que se escondieron T. S. Eliot o Ezra Pound, y se inscribe en una tradición estadounidense iniciada por Walt Whitman en *Cálamo:* un conjunto de

«En aquellos días yo consideraba el olvido como un elemento esencial de mi supervivencia.»

Sylvia Plath, 1932-1963

poemas escrito en 1859 e integrado posteriormente en una de las reediciones del monumental libro *Hojas de hierba*, en el que el poeta reflexionaba sobre su homosexualidad.

Autores

Quien habla en los textos de Robert Lowell, afirma Rosenthal, «es inequívocamente él mismo, y no resulta difícil pensar en *Estudios del natural* como en una serie de confesiones personales». Tal es su crudeza —y tal es la sorpresa que producen en quien las lee— que el crítico las califica de «vergonzosas», escudándose en su honor para no aportar ejemplos. Por su parte, el crítico John Thompson aseguró que Lowell había «expandido el territorio de la poesía».

Los poetas confesionales no eludían los temas incómodos, sino todo lo contrario: Sylvia Plath escribió poemas sobre el aborto, y Anne Sexton escandalizó a los lectores de la época con sus versos sobre la menstruación. Por su parte, Lowell —que en sus clases de escritura no hablaba sobre qué escribir en el poema, sino sobre qué eliminar del poema— abandonó pronto el rumbo que él mismo había marcado, para refugiarse en la traducción y la poesía de forma clásica.

Temas como la sexualidad o el suicidio aparecieron sin censuras en los poemas de W. D. Snodgrass, autor del feroz *La aguja en el corazón*, o del veterano Berryman, en cuyos versos se cruzaban la depresión, el alcoholismo y el fervor religioso, y que en 1947 contó su infidelidad en varios sonetos. Incluso el *beat* Allen Ginsberg [ver capítulo 43] se asoma a estos recuentos, gracias en parte a sus textos autobiográficos de los años cincuenta y sesenta.

La idea en síntesis: la vida interior se expresa sin cortapisas

32 La poesía femenina

¿Cuál es la relación entre Louise Labé, poeta renacentista francesa, y sor Juana Inés de la Cruz, renovadora del castellano al otro lado del Atlántico? ¿Qué une a Mirabai, la autora india que se consagró a Krisna y a la escritura, con Edna St. Vincent Millay, feminista y *flapper*? Una circunstancia tan azarosa, pero tan definitoria, como el lugar de nacimiento o el idioma de escritura: su género.

A menudo se considera que la etiqueta «poesía femenina» o «poesía escrita por mujeres» limita a las creadoras a las que se les asigna, condenándolas a un gueto y restándoles calidad; de ahí la respuesta habitual —«solo existe la buena o la mala literatura»— cuando a muchas autoras se les plantea esta cuestión. Sin embargo, no se reacciona igual ante otros criterios biológicos o sociales, como el lugar o la fecha de nacimiento y el idioma de escritura.

«La identificación femenina es una fuente de energía.»

Adrienne Rich, 1929-2012

Esta actitud nace de los prejuicios propios y ajenos. Del hecho de que el adjetivo «femenino», aplicado a la creación, ejerza como sinónimo de «cursi» o «comercial»; esto guarda relación con cierto complejo inconsciente —o consciente— que rebaja el nivel de la creación de las mujeres, y vincula la voz masculina a la representación universal y la voz femenina a la representación parcial. Si hablo como mujer, si hablo sobre las mujeres, lo que escribo no interesará

Cronología

c. 2285 a. C.	1025	1525
Enheduanna, princesa y sacerdotisa, la primera poeta acadia	Wallada funda en Córdoba su salón literario	Nace Louise Labé, apodada la Safo de Lyon

Gertrude Stein en al-Ándalus

Sororidad es un término reciente que, sin embargo, se practica desde antiguo: consiste en la sensación de hermandad entre mujeres que permite el apoyo mutuo. Vas a leer [ver capítulo 34] acerca de la Casa de las Servidoras de las Musas de Safo, pero quizá desconozcas que existió una versión en la época andalusí: el salón literario regentado en Córdoba por la poeta Wallada. A los diecisiete años, la escritora invirtió la herencia de su padre en un palacio para enseñar canto y poesía a las muchachas interesadas.

a la mitad de la población; no se sentirán identificados en mis poemas. Perderé lectores. Perderé voz. Me ocurrirá como ha ocurrido a tantas otras.

La poesía escrita por mujeres

Entendemos como «poesía escrita por mujeres» toda aquella que —de manera evidente— haya sido escrita por una escritora. Cuando una mujer escribe, ¿a qué tradición mira? A una tradición mayoritariamente masculina; salvo casos puntuales —como el de Rosalía de Castro en la literatura gallega—, la figura central de cada literatura suele ser un hombre. No se trata de que no existan poetas mujeres, ni de que no existan poetas mujeres de calidad, sino de que en la mayoría de los casos no han tenido circunstancias favorables para la escritura o para su difusión. La incorporación de las mujeres a la vida cultural es muy tardía, y aún hoy toca sacrificar el tiempo de escritura —y de relación social— para dedicarlo al tiempo de cuidados familiares.

Fijémonos en la generación del 27. Leemos —y estudiamos— a Luis Cernuda o Federico García Lorca [ver capítu-

1923
Edna St. Vincent Millay recibe el Pulitzer de Poesía

1945
Premio Nobel de Literatura para Gabriela Mistral

lo 42], pero apenas sabemos sobre Margarita Ferreras o Lucía Sánchez Saornil. La obra de ellas frente a la obra de ellos, ¿resulta equiparable en importancia para la poesía española del siglo xx? Ni Ferreras ni Sánchez Saornil escribieron *Ocnos* o *Poeta en Nueva York*: Ferreras publicó un único poemario, *Pez en la tierra*, inencontrable hasta fecha reciente, y la poesía de Sánchez Saornil —que firmaba como Luciano de San-Saor— únicamente se editó dos décadas después de su muerte. Ninguna de ellas asistió a la universidad, y tampoco se las incluyó en la antología de Gerardo Diego que fijaría el canon; sí seleccionó —en la segunda edición, de 1934— a Ernestina de Champourcin y Josefina de la Torre. Pero estas mujeres existieron, y a Ferreras le debemos uno de los libros más interesantes —por su atrevimiento y por su rareza— de la poesía erótica en nuestro idioma, y la obra de Sánchez Saornil se considera una de las más puras y rigurosas de nuestra vanguardia. No jugaban en igualdad de condiciones: no compartían con ellos espacios de creación ni de debate. Ambas se desvincularon de la escritura pública —por circunstancias diferentes—, de recitales y publicaciones, tras la Guerra Civil. Se movieron de la fotografía y —con ella— de la historia de la literatura.

La poesía femenina

En cambio, la etiqueta «poesía femenina» posee una vocación más específica. La filósofa francesa Hélène Cixous aseguró que «no podemos hablar de escritura femenina por el hecho de que una obra la firme una mujer», y su compatriota Béatrice Didier —crítica literaria— desarrolló en varias de sus obras el concepto de «escritura femenina», cuyos rasgos apelarían a libros escritos por mujeres... pero también por hombres.

Esta «escritura femenina» de Didier plantea la influencia del género en la escritura. Didier defiende que la escritura íntima de la mujer se basa en el análisis de su relación con la sociedad, contra el análisis de uno mismo que realizan los hombres en su escritura íntima; de esta forma, la mujer busca su identidad en cuanto a que anhela su lugar en la sociedad, lo que a su vez origina esa escritura propia. Los

¿Poeta o poetisa?

Hasta hace escasas ediciones, el diccionario de la RAE consignaba al poeta como la «persona que compone obras poéticas», y a la poetisa como la «mujer» que las escribe: esta distinción heredaba el carácter peyorativo del vocablo *poetisa*. Escritores como Miguel de Unamuno evidenciaron a los poetas remilgados tachándoles de «poetisos»; un sustantivo insultante a su juicio, puesto que equiparaba sus obras a las de las mujeres. Las palabras no son inocentes, y significan mucho más que una definición sobre el papel; de ahí que muchas autoras en castellano hayan decidido reivindicar «poeta» como expresión neutra, válida tanto para mujeres como para hombres, y alejada de cualquier discriminación. En cambio, otras han decidido transformar el significado de «poetisa» con su militancia, reivindicando a todas las mujeres discriminadas —en el pasado, y también en el presente— por su género.

géneros de la intimidad —la autoficción, el diario, las memorias o la poesía— encajarían en este concepto, igual que un discurso lírico y basado en la sensación. Y algunas poetas escribirán poesía femenina, igual que algunos —en masculino— poetas, y no por ello su escritura mostrará un valor más débil, sino un valor particular.

La idea en síntesis: la poesía femenina no equivale a la poesía escrita por mujeres

33 La poesía de la identidad

Miramos cerca al hablar sobre poesía. Nos fijamos en aquellos con los que compartimos país o idioma, tradiciones y experiencias. Sin embargo, ¿qué sabemos de la poesía de otras latitudes? Cuando mencionamos a los «clásicos», ¿a quiénes nos referimos? Muchos poetas de nuestras antípodas —en todos los sentidos— recurren hoy a este género literario para definir su identidad mediante un corpus escrito.

Si deshaces la lectura hasta los primeros capítulos, aquellos en los que hablábamos sobre el origen de la poesía o los significados iniciales de la figura del poeta o el concepto de verso, comprobarás que —salvo excepciones— las referencias aludían siempre a Grecia y a Roma, culturas que propiciaron la civilización occidental. Se trata de las referencias «físicas» —en cuanto a que sus testimonios se nos han legado tangibles frente a la transmisión oral— más cercanas de las que disponemos. Mientras tanto, en Asia la poesía de China y Japón desarrollaba sus propios códigos —empezando por la métrica y los aspectos vinculados a rimas y ritmos—, y la de la India se resistía a quedar por escrito. ¿Qué ocurría en África y en Oceanía?

África

Ocurría algo que ya hemos apuntado: la oralidad. Los poemas que nacían de la música, que contaban historias, que se aprendían de memoria y se recitaban en los momentos especiales, como una ofrenda a quienes te acompañaban.

Cronología

1788
Se inicia la colonización británica de Australia

1957
Ghana, primer país independiente de África

Algunos nombres

Con dos escritores senegaleses nació la poesía africana moderna: Birago Diop y Léopold Sédar Senghor. Otros muchos combinaron la actividad literaria con la política, ocupando altos cargos en los gobiernos tras la independencia. Uno de ellos sería, por ejemplo, el congolés Jean-Baptiste Tati Loutard. Chinua Achebe, eterno candidato al Premio Nobel de Literatura, también desarrolló una interesante obra poética.

Coetáneo de Oodgeroo Noonuccal fue Jack Davis, de la etnia noongar, que comenzó a escribir mientras trabajaba como ganadero, aunque solo publicaría después de cumplir cincuenta años; se le consideró extraoficialmente «Poeta Aborigen Laureado». La polifacética artista Lisa Bellear —miembro también de la etnia noonuccal— falleció antes de cumplir cincuenta años, dejando un libro titulado *Soñando en áreas urbanas* (1996), del que aseguraba que «no se trata de derribar a la sociedad blanca, sino de autodescubrirse».

El concepto de literatura en las sociedades africanas se transforma con respecto al nuestro, puesto que las fronteras entre la intención estética y la intención didáctica se esfuman: aquí la belleza no se busca por deleite o por impacto, sino para construir una identidad. La poesía en su acepción más próxima a la nuestra comenzará a escribirse durante la época de la colonización, imitando esos códigos impuestos, y hasta el siglo XX no se retomaron los primeros discursos realmente propios, en torno a temas como la condición africana, los estragos del colonialismo, la independencia o el peso de la historia para definir el presente.

Quien escribe poesía en África hoy se ha despojado de su condición ancestral de *griot*, el narrador de historias; una figura que en nuestro imaginario equivaldría al bardo o al

1962
Derecho al voto en Australia para la población aborigen

1986
Wole Soyinka, primer Nobel de Literatura africano

juglar, aunque con ciertas diferencias. El *griot* —figura originaria de África Occidental— memorizaba los poemas compuestos quién sabía por quién y quién sabía cuándo, y poseía además el talento necesario para improvisar rimas y canciones sobre temas de actualidad, o en respuesta a peticiones de su público.

«Lo nuevo debe expulsar a lo viejo.»

Oodgeroo Noonuccal, 1920-1993

El poeta congoleño Sony Labou Tansi escribió: «En nuestros días, ser poeta es querer con todas sus fuerzas, toda su alma y toda su carne, frente a los fusiles, frente al dinero que también se convierte en fusil, y sobre todo frente a la verdad preestablecida sobre la cual nosotros, poetas, estamos autorizados a mearnos, que ninguna faceta de la realidad humana se vea empujada bajo el silencio de la historia. He nacido para contar esa parte de la historia que lleva cuatro siglos sin comer». Él falleció a los cuarenta y siete años, y su testimonio simboliza la intención de los poetas africanos actuales: decirse a sí mismos. Sin embargo, cuidado con el peligro de reducir a una única expresión la de un continente compuesto por decenas de países tan distintos.

Oceanía

La literatura de Oceanía comparte algunos rasgos con la africana: una literatura ancestral —la de los aborígenes— que se basa en la palabra hablada, que expande esos primeros tiempos de la poesía que conocemos, y los mantiene con el paso de los siglos. Una literatura interrumpida por el colonialismo y sustituida por las expresiones importadas: con la colonización británica de Australia, Nueva Zelanda y demás archipiélagos, se suspende hasta mediados del siglo XX la riquísima mitología aborigen, testigo de excepción de la historia original.

También la identidad mueve a los poetas aborígenes de Oceanía. La poeta más visible nació en Australia con el nombre de Kathleen Ruska, y vivió como se esperaba en una mujer australiana pobre a principios del XX: dejó el colegio para encadenar los trabajos mal pagados y mal considerados que se ofrecían a los aborígenes como ella. Su familia pertenecía a la etnia noonuccal, los habitantes históricos de la isla, y su padre había luchado para mejorar las condiciones laborales de los pueblos originarios. En los años cuarenta, en Ruska —que escogería el seudónimo de Oodgeroo Noonuccal— se despiertan dos militancias: la política, con su afiliación al Partido Comunista, el único abierto a los indígenas, y la literaria.

En 1964 publica su primer libro, *Vamos*, que se convertirá en el mayor éxito de ventas de la poesía en Australia en décadas. Una obra de una rara belleza, con dos componentes fundamentales: la fuerza de su ritmo, que lo vinculaba a la literatura oral del origen, y su componente político, que lo anclaba al presente. Oodgeroo Noonuccal insistió en la capacidad de la poesía para denunciar la injusticia [ver capítulo 30], reclamando derechos básicos como el del voto o la igualdad con la población de otros orígenes, o movilizándose para recuperar las tierras arrebatadas. La suya fue una poesía de la identidad, construida desde su condición de mujer aborigen, con esa triple discriminación que le impusieron sus condiciones de mujer y su origen humilde. Muchos críticos dudaban de la autoría de sus poemas: no creían que una mujer sin apenas estudios hubiese logrado semejante altura literaria.

La idea en síntesis: la poesía construye nuestra identidad

34 Safo

De otros poetas afirmamos que cantaron al amor, que se inspiraron en aquellos a quienes amaban y en aquellos a quienes dejaban —o que les dejaban— de amar, que nos mostraron la capacidad de sentir desde ópticas distintas. Sin más. Pero en el caso de Safo, su historia —y la historia— nos permiten presentarla como una de las primeras escritoras en femenino que otorgó voz al amor y al deseo.

Una poeta que otorgó voz al amor y al deseo —además— libres y sin ataduras, y entendidos desde una modernidad en la que Safo se adelantó varias épocas. Sus circunstancias históricas nos han mostrado a una poeta fragmentada, y quizá por eso en su figura intuyamos más rasgos de leyenda que atribuibles a la realidad: igual que apenas conservamos poemas enteros suyos, tampoco se nos han legado datos biográficos en los que confiar.

Las dudas biográficas

De Safo sabemos que nació en la ciudad de Mitilene, en la isla de Lesbos —cerca de Turquía—, en una fecha que se situaría en los últimos años del siglo VII a. C. Tampoco nos queda clara la fecha de su muerte, establecida en las primeras décadas del siglo VI a. C., se entiende que en la isla de Léucade, frente a la costa oeste de la península griega; quizá con setenta años, quizá con treinta. La diferencia marcaría su final como trágico o esperado; la vida, sin duda, la disfrutó plena. Por lo general, su vida se sitúa en paralelo a la del poeta Alceo, nacido en Mitilene y fallecido en Lesbos durante la misma época. Estas dudas en tor-

Cronología

siglo VII a. C.
Nace en la isla de Mitilene

593 a. C.
Exiliada en Siracusa por causas familiares

Los nueve poetas líricos

A Safo se la incluyó en una curiosa lista de magníficos: la de los nueve poetas líricos más importantes de la antigua Grecia. Es la única mujer y es —también— una de las más populares de esa selección que se basaba no en el fondo, sino en la forma. Estos nueve poetas líricos —también conocidos como mélicos— merecían la admiración de los lectores y de los estudiosos, y obedecían también a dos clasificaciones: la poesía coral y la poesía monódica. El listado incorporaba a los autores Alceo de Mitilene, Safo, Anacreonte, Alcmán de Esparta, Estesícoro, Íbico, Simónides de Ceos, Baquílides y Píndaro.

no a su fecha de nacimiento se prologan en el resto de su biografía, que recibimos por una fuente no sabemos si fiable: sus poemas.

La Casa de las Servidoras de las Musas

Tras un breve exilio en la isla de Siracusa —la actual Sicilia— por el enfrentamiento entre su familia y el gobernador de Mitilene, y después de su experiencia como educadora en un *thiasos* —las escuelas en las que se preparaba a las muchachas para el matrimonio—, Safo funda la Casa de las Servidoras de las Musas. Se trata de una particular institución en el seno de una sociedad que otorgaba a las mujeres un único papel: en su infancia y adolescencia deben prepararse para el matrimonio, y en la edad adulta tienen que cuidar del marido y de los hijos.

Safo rompe con esta inercia, y propone otra educación para las muchachas. Lo hace en una época en la que las mujeres disfrutan de una libertad mayor que en siglos posteriores. En el plano más frívolo, las alumnas de Safo —que viajaban

siglo VI a. C.
Fallece en la isla de Léucade

siglo I a. C.
Única mujer real en las *Heroidas*, de Ovidio

desde toda Grecia para crecer junto a ella, prefiriéndola a grupos rivales, como los de Andrómeda o Gorgo— preparan arreglos con flores y se esmeran en el cuidado de su aspecto físico, aunque estas servidoras de las nueve musas [ver capítulo 4] se preocupaban —sobre todo— de su formación cultural y moral: con Safo aprendían que la belleza era un valor como cualquier otro, y que debían ser y valer por sí mismas. Igual que aquellas musas a las que se consagraban, en la Casa de las Servidoras de las Musas se tocaba la lira, se cantaba y se danzaba. Safo enseñaba a sus alumnas a componer poemas, a recitarlos y a inspirarse: les enseñaba a amar, y lo hacía de modo práctico, enamorándose y manteniendo relaciones con ellas.

Una escritura de mujer

Safo orienta sus poemas desde un punto de vista radicalmente femenino, lo cual no implica que practique la escritura femenina [ver capítulo 32]. La mujer ejerce como objeto del poema, como musa e inspiración, igual que ocurre en tantos casos de su época, y de siglos y siglos más tarde; pero en los poemas de Safo la mujer ejerce también como sujeto, y es quien observa, y quien reflexiona, y quien escribe. Este universo femenino de su escritura lo acota Safo ya desde sus temas, que escoge por familiaridad, por cercanía: rechaza la posible inspiración más vinculada a la política o a la historia —entonces campos dominados por los hombres, como hoy mismo todavía—, y escribe sobre la intimidad. Y la intimidad significa para la poeta el amor y el desamor, el deseo y el sexo, la amistad y los celos, la distancia entre el yo y el otro; no en vano se conserva un himno a Afrodita, la diosa

Las poetas griegas

Sucede a menudo que la figura de una creadora alcanza tal tamaño que eclipsa a las otras mujeres de su época o, más bien, que se interpreta que con una mujer basta para representarlas a todas. Conocemos a Safo y desconocemos a Ánite y su doble discurso, que incluía epigramas por encargo y versos propios con un *beatus ille* [ver capítulo 9] antes de tiempo a Corina, que según el geógrafo Pausanias derrotó a Píndaro en un concurso literario; a Erina, cuyos hexámetros cantaban a una amiga muerta; o a Nóside, apodada «de femenina lengua», que reflexionaba en sus textos sobre el mundo de las mujeres.

griega de la belleza y del amor, del sexo y del deseo. Safo lanza sus poemas con urgencia, sin rodeos, con una escritura directa y clara, y al mismo tiempo hermosa y construida con esfuerzo y finura. Sus poemas —de los que apenas se conservan unos pocos centenares de versos— resuelven muy bien la tensión entre la simple anécdota biográfica y la trascendencia literaria. Y también brillan, por cierto, aquellos versos tiernos dedicados a su hija.

«Ven a mí también hoy, líbrame de desvelos.»

Safo, siglos VII-VI a. C.

Ovidio la convirtió en la única mujer real a la que cantó en sus *Heroidas*, y tendría la admiración de Catulo y Horacio. A muchas de las poetas que a lo largo de la historia se han inspirado en sus versos o en su figura, como Louise Labé, se les adjudicaron apodos en los que las rebautizaban como la Safo de su época. El imaginario de los poemas de Safo es el imaginario de una mujer, y en sus poemas los hombres no existen: de hecho, la costumbre ha otorgado otra acepción al adjetivo «sáfico», más allá de las connotaciones formales, y más relacionada con el lesbianismo, cuya denominación surge también de la isla en la que nació y vivió la poeta.

La idea en síntesis: la poeta del amor y el deseo

35 La poesía medieval

El amor, la guerra y la religión vertebraron —como temas, como inspiraciones— gran parte de la literatura de la Edad Media. Ciñéndonos a la poesía, del primero se encargaron el tópico del amor cortés [ver capítulo 8] y la poesía trovadoresca y juglaresca, con sus diversas ramificaciones. Y los siguientes se explicaron, respectivamente, con el cantar de gesta y desde el mester de clerecía.

Merece la pena desterrar la idea de la Edad Media como una época oscura de la historia: la escritura poética medieval nos parece tan amplia, y tan diversa, como prolongado fue este período. Diez siglos —entre el v, con la caída del Imperio romano de Occidente, y el xv, con la caída del Imperio bizantino y la colonización de América— que abarcan numerosos temas y figuras, y en los que comienzan a distanciarse la poesía cultura y la popular.

Los cantares de gesta

Con forma de versos, pero con la voluntad de contar, los cantares de gesta —divulgados sobre todo durante los siglos xi y xii— presentan a un héroe que sirve como inspiración para el pueblo. Los juglares memorizaban estos poemas anónimos, a los que incorporaban anécdotas y versos de cosecha propia; todo se conserva gracias a las tardías copias manuscritas de los mismos. Los cantares de gesta más populares se escribieron en Francia, donde destaca el *Cantar de Roldán*, y en Alemania, con el *Cantar de*

Cronología

siglo XI	1049
Cantar de Roldán	Ibn Zaydūn se instala en la corte de al-Mutamid

los nibelungos. Otros cantares que tienen que mencionarse son el *Beowulf*, de la tradición anglosajona, y el castellano *Poema de Mio Cid*.

Los mesteres

La poesía medieval castellana se alejó de la división entre lírica y épica [ver capítulo 3] y se clasifica —en buena parte— según la condición de quien escribía o recitaba, y la vía de difusión de los textos. La palabra «mester» significa «oficio», denotando la profesionalización, o al menos la conciencia de autoría.

El **mester de juglaría** lo integran los textos interpretados en voz alta por los juglares. A su vez, se distingue entre los juglares épicos —aquellos consagrados a la poesía narrativa— y los líricos, que centraban su recitación en los textos de los trovadores. En estos poemas abundan los versos de arte mayor [ver capítulo 11], en especial el alejandrino, y se utiliza la rima asonante [ver capítulo 13]. Según la temática de los versos, existen —entre otros— los juglares cazurros, con sus poemas humorísticos; de gesta, especialistas en estos cantares; los goliardos, clérigos y estudiantes de vida desordenada; o los zaharrones, que se disfrazaban. También existe una clasificación según el instrumento con el que se acompañaban: de voz —si mezclaban poesía y música—, cedreros, cítolas, tamboreros, tromperos...

«Mester trago fermoso, non es de ioglaría / mester es sen pecado, ca es de clerezía / fablar curso rimado por la cuaderna vía / a sílabas cuntadas, ca es grant maestría.»

***Libro de Alexandre*, siglo XIII**

Por su parte, el **mester de clerecía** se difunde por escrito y posee una mayor exigencia artística —frente al mester de juglaría, cuyo público era mayoritariamente analfabeto—,

c. 1246-1252

Milagros de Nuestra Señora, de Gonzalo de Berceo

1403

La mutación de la fortuna, de Christine de Pizan

La poesía de al-Ándalus

La poesía ocupó un papel central en la escritura de los musulmanes de la península. Se distinguen dos etapas: la más clásica, durante el período del emirato (756-929); la modernista, en la etapa del califato (929-1031) y los posteriores reinos independientes (hasta 1492).

Al margen de quienes escribían por placer —toca reseñar a Ziryab, Ibn Zaydūn, Wallada [ver capítulo 32] o al-Mutamid—, la corte oficializó la existencia de poetas que glosaran las virtudes de los altos funcionarios en los panegíricos *madih*. Otros de los poemas más recurrentes de la poesía andalusí —según su temática— son los *hiya*, poemas satíricos; los *martiyya*, lamentos funerarios; y los *muyun*, de carácter obsceno.

La forma de mayor relevancia es la casida, sin omitir la moaxaja o el zéjel [ver capítulo 16]. Contenedor para temas diversos, desde las desdichas amorosas a los habituales elogios a un rey o un noble, supera —se compone de pareados— la cincuentena de versos de extensión, y posee una estructura fija: el *nasib*, a modo de prólogo, y que originaría la gacela, compuesta por coplas y estribillos de carácter amoroso; el *rahil*, en el que se desarrolla el objeto verdadero del poema; y por último el *madih*, de nuevo un elogio —en ocasiones envenenado— que se dirige al destinatario del texto.

optando por la rima consonante y los temas religiosos; agrupaba la producción de los autores con una educación elevada. La estrofa característica es la cuaderna vía [ver capítulo 15], y existe una obra fundamental: el *Libro de Alexandre*, anónimo, aunque se ha atribuido a Juan Lorenzo de Astorga o Gonzalo de Berceo. En el siglo XIV, este mester recoge una mayor diversidad de metros y de temas.

Esta clasificación —sin contar con el mester de cortesía, que recoge prosas escritas en la corte— presagia, en cierto modo, la división posterior entre una poesía de carácter más popular y la poesía culta.

El trovador

A diferencia del juglar, el trovador [ver capítulo 5] componía versos y músicas. La figura del trovador, por lo general de origen noble —como Guillermo de Poitiers o Bernart de Ventadorn—, se popularizó en el sur de Francia —escribían en lengua occitana— entre los siglos XII y XIV; también se extendió hacia el sur —en Cataluña— y el este, en el norte de Italia. Contaron con réplicas en el continente: al *minnesänger* alemán toca sumar el *trouvère* del norte francés.

En la poesía occitana existieron las *trobairitz*, trovadoras que cedían sus poemas a las *joglaresse*, las juglaresas; algunas de las más destacadas fueron Beatriz de Día, Maria de Ventadorn y Garsenda de Proença. En sus versos se escucha una voz masculina que, sin embargo, expresa el deseo de la mujer con respecto al amor. Muchas de estas autoras ejercían también como «patrocinadoras», mecenas de otros trovadores a los que apoyaban económicamente.

Los estilos trovadorescos se clasifican según la complejidad de la escritura. Aquella más sencilla se denomina *trobar leu*; la que apuesta por un léxico más elaborado se llama *trobar clus*. Entre ambos se sitúa el *trobar ric*, con alta exigencia verbal y fuerte sentido de la música. Aunque esta poesía se asocia al tópico del amor cortés, sus textos abarcan temas diversos como la política y la metaliteratura. Según el contenido y la estructura, los géneros más practicados fueron la *cançó*, de temática amorosa; el *sirventés*, con un mensaje satírico; y la *tensón*, que recrea una disputa entre dos trovadores.

La idea en síntesis: una etapa de riqueza temática y formal

36 Petrarca (y el petrarquismo)

La poesía italiana de la Baja Edad Media abrió un paréntesis con respecto al resto del continente. Mientras otros países se debatían entre trovadores y juglares, entre poemas de memoria y primeras escrituras [ver capítulo 35], un grupo de poetas —con Dante Alighieri y Francesco Petrarca como referencias— sentaba las bases de la poesía del Renacimiento.

Ningún movimiento artístico surge por arte de magia. Los poetas petrarquistas del Renacimiento se inspiraron —el nombre lo indica— en Petrarca, y este debió parte de su escritura a los poetas del *dolce stil novo*.

El *dolce stil novo*

«Di qua dal dolce stil novo ch' i' odo», escribió Dante Alighieri [ver destacado] en la visita al Purgatorio de *La Divina Comedia* (1304-1321). Ese «dulce estilo nuevo» serviría para que el crítico literario Francesco De Sanctis estableciese la denominación en su *Historia de la literatura italiana* (1870-1871). Frente a la poesía trovadoresca que se «exportaba» desde Occitania a otros puntos del continente —incluido el norte de Italia—, autores como Guido Guinizelli, Guido Cavalcanti o el propio Dante proponían una vuelta de tuerca estética.

Cronología

1265-1276
Escritura del *Cancionero* de Guido Guinizelli

***c.* 1293**
Dante Alighieri compone *La vida nueva*

Dante Alighieri

Debemos a Dante Alighieri (Florencia, *c.* 1265-Rávena, 1321) dos de las obras fundacionales de esta nueva manera de comprender la escritura poética: *La Divina Comedia* y *La vida nueva.* En ambas —escritas en el dialecto toscano, raíz del italiano actual— se mixturan la poesía y la filosofía, la teología y la lucha —tan contemporánea— entre la realidad y la ficción, entre lo autobiográfico y lo idealizado, con esos datos que disemina en sus obras o el juego según el cual él mismo, Beatriz —su musa— y Virgilio —su maestro— nos guían en la lectura de *La Divina Comedia.*

Este giro situaba el «amor gentil» en el centro de la escritura. El sentimiento —mencionado por primera vez en un poema de Guinizelli— despierta en el amante la necesidad de la bondad, y mediante la idealización conecta directamente con el concepto del «amor divino» y las ideas aristotélicas sobre la belleza, que el filósofo griego identificase con la armonía. La dama, como ocurrirá también en la escritura de Petrarca, equivale a la musa [ver capítulo 4]: una *donna angelicata* de base platónica —de nuevo la felicidad inalcanzable— que fijará, siglos después, el canon estético del Renacimiento. Las bases formales del *dolce stil novo* resaltan en el uso del heptasílabo y el endecasílabo como metros habituales [ver capítulo 11], o la incorporación de la balada, la canción y el soneto [ver capítulo 19].

Petrarca

El principal —y más aventajado— alumno de los poetas del *dolce stil novo* se llamó Francesco Petrarca. En esta figura referencial se encuentran numerosos subgéneros y estéticas, y de él parten también un buen número de poetas

1300

Fallece Guido Cavalcanti, amigo y maestro de Dante

1470

Vindelino da Spira publica el *Cancionero* de Petrarca

fundamentales. Petrarca vive durante su juventud en la Provenza, una de las zonas integradas en Occitania, y allí entra en contacto con la poesía trovadoresca; más tarde estudiará en la Universidad de Bolonia, uno de los principales centros de reflexión sobre el pensamiento aristotélico. Su conocimiento de los clásicos grecolatinos —y su novísimo concepto del humanismo— le permite «enlazar» en su escritura todas estas influencias.

El máximo valor de sus textos reside en su carácter, en cierto modo, de «reescritura»: en su capacidad para actualizar modelos clásicos —o coetáneos, pero ya de recorrido considerable— y presentarlos renovados. Por ejemplo, Petrarca establece una nueva forma para la sextina: seis estrofas compuestas cada una por seis endecasílabos —salvo una de tres versos, liberada de las demás reglas—, en la que los versos finalizan con las mismas palabras, en lógico desorden. Y al igual que Dante, como ya te contamos, los poemas amorosos de Petrarca se dirigen a una musa inalcanzable; a ella, a Laura, consagra los poemas de su *Cancionero* [ver destacado]. Sin embargo, esta obra incorpora otros textos de corte religioso e incluso político, con reflexiones sobre el carácter nacional de Italia, cinco siglos antes de la unificación del país.

«Y bendecido todo cuanto escribe / la mente que al loarla consagrada / en Ella y solo para Ella vive.»

Francesco Petrarca, 1304-1374

El petrarquismo

Los movimientos culturales no poseen una fecha exacta para su comienzo ni para su final, aunque establezcamos de manera simbólica —como asidero— un día, un mes o un año. Si el Renacimiento se considera la transición entre las edades Media y Moderna, ocupando los siglos XV y XVI, el petrarquismo abarca mucho más: los poetas cercanos a esta herencia alcanzarán hasta el Neoclasicismo y la Ilustración. Y lo harán incorporando a sus composiciones los rasgos principales de las de Petrarca, esto es: su estilo claro y directo, musical; la temática amorosa con la musa como desencadenante y destinataria, y al mismo tiempo con la relación

El 'Cancionero' de Petrarca

Petrarca trabajó durante toda su vida en un conjunto de poemas que serviría como modelo a otros muchos autores. Entre las características del cancionero petrarquista figuraba que la obra poseyera un sentido unitario, y no se limitara a recoger una serie de poemas sin enlace entre ellos. Ese eje que los vertebra guardaría relación con el amor por una única mujer —Laura, en su caso: la crítica establece un antes y un después en los poemas de Petrarca según la fecha de la muerte de su musa—, aunque la diversidad de temas y de metros permite la coherencia narrativa de la obra.

platónica e idealizada como hilo conductor; así como la escritura de sonetos y la elección del endecasílabo como verso fundamental.

El petrarquismo se introduce en España gracias al encuentro entre Andrea Navagero y Juan Boscán [ver capítulo 19], en la obra de este último y de Garcilaso de la Vega, también en la de poetas áureos como Lope de Vega y Francisco de Quevedo [ver capítulo 37]. Luís de Camões, uno de los grandes poetas de la lengua portuguesa, se inicia en el petrarquismo y poco a poco eleva la complejidad de su obra, presagiando el Barroco. En la lírica inglesa ocurre algo similar con cultivadores del soneto como Thomas Wyatt o Henry Howard, traductor de Virgilio, introductores de la influencia italiana en la poesía isabelina.

La idea en síntesis: la revisión de los tópicos clásicos y medievales sobre el amor

37 El Siglo de Oro

De Garcilaso de la Vega a sor Juana Inés de la Cruz, de santa Teresa de Jesús a Luis de Góngora... La época de mayor altura de nuestra poesía coincide con la de mayor esplendor en el resto de las artes: aquella acotada por la publicación de un tratado sobre lingüística y la muerte de un dramaturgo.

Pese a su denominación, el período que conocemos como Siglo de Oro abarca más de cien años: se extiende durante casi doscientos. El valor áureo de su producción sí resulta más exacto.

Contexto histórico

Los estudiosos fijan dos referencias cronológicas para el Siglo de Oro, apoyándose tanto en los logros literarios como en circunstancias más allá de la escritura. Comenzaría en 1492 —año en que los Reyes Católicos conquistan Granada, expulsan a los judíos y desembarcan en los primeros territorios americanos— con la publicación de la *Gramática* de Nebrija, el primer estudio sobre la lengua castellana, y se daría —casi— por finalizado en 1681 con la muerte de Pedro Calderón de la Barca. Faltarán veinte años para la muerte de Carlos II, el último rey Habsburgo español, con el que se marca el principio del fin de la influencia internacional del país. Este período comprenderá dos estéticas: la renacentista y la barroca.

Cronología

1543

Se publica la obra de Garcilaso de la Vega

1605

Primera impresión de los poemas de Quevedo

La poesía renacentista

El término

La expresión «Siglo de Oro» se utiliza en dos ocasiones por parte de los autores de la época: en una silva que Lope de Vega incluye en *La Vega del Parnaso* (1637) y en el "Discurso de la Edad de Oro" inserto en *Don Quijote de La Mancha* (1605), de Miguel de Cervantes. El historiador Luis José Velázquez la empleó en su ensayo *Orígenes de la poesía castellana* (1754), y el hispanista George Ticknor la recogería en *Historia de la Literatura Española* (1836).

El diálogo entre la cultura italiana y la española [ver capítulo 19] fructifica en el siglo XVI con el estallido renacentista en la literatura de aquí: una estética ligada al humanismo —el movimiento cultural influenciado por los poetas del *dolce stil novo* y Francesco Petrarca [ver capítulo 36], entre otros—, que defiende el regreso a los modelos clásicos, sitúa al hombre en el centro de la creación y revisa —y refuerza, en cierto modo— la imagen tópica de recurrencias literarias como la naturaleza o la mujer. Doctrinas como el humanismo o el idealismo —todo lo que existe existe porque somos conscientes— se importan de Europa, cuyas reformas nos alcanzan vagamente: la Inquisición es un órgano estatal, los musulmanes y los judíos han sido expulsados, la educación superior depende de la Iglesia.

En este contexto se desarrollan obras poéticas bien diferentes. Conoces a místicos como santa Teresa de Jesús o san Juan de la Cruz [ver capítulo 29], y sabes de los autores —Juan Boscán, Garcilaso de la Vega— que "importan" de Italia [ver capítulo 19] sus temas y sus formas. Estos últimos representarían la escuela italianizante de la poesía española renacentista, heredera del petrarquismo con sus temas amorosos, sus mujeres —y sus relaciones— idealizadas y sus cancioneros. La otra gran veta de la poesía renacentista —según sus influencias— miraba hacia la lírica

1612
Góngora compone la *Fábula de Polifemo y Galatea*

1692
Se publica *Primero sueño*, de sor Juana Inés de la Cruz

> **«Estos versos, lector mío, que a tu deleite consagro, y solo tienen de buenos conocer yo que son malos, ni disputártelos quiero, ni quiero recomendarlos, porque eso fuera querer hacer de ellos mucho caso.»**
>
> **Sor Juana Inés de la Cruz, 1651-1695**

medieval, recogiendo sus estrofas tradicionales y combinando temas morales y amorosos.

Los poetas renacentistas, sea cual sea el origen de sus lecturas, sea cual sea la escuela a la que se adscriben —la más contenida de Salamanca, o la sevillana, presagiando el Barroco—, abren camino a la generación siguiente. Asientan la utilización de versos [ver capítulo 11] y estrofas [ver capítulo 15] de origen italiano, como el endecasílabo o la silva y el soneto, revisan los tópicos literarios [ver capítulo 8] para actualizarlos hasta los ideales del Renacimiento [ver capítulo 9], apuestan por una sencillez mayor en el léxico y en la sintaxis, y popularizan fórmulas como la égloga o la epístola.

La poesía barroca

Dos corrientes definen la poesía del Barroco español: el conceptismo y el culteranismo. Antónimas en su manera de concebir la estética de la escritura, servirán como punto de partida para las dos principales estéticas de la poesía hispánica. Ambos discursos se abrirán a los mismos intereses temáticos: frente a la apuesta humanista por el hombre, la decepción barroca ante el fracaso del ser humano; frente a los tópicos y los ideales del Renacimiento, las certezas derrumbadas del Siglo de Oro.

El conceptismo aboga por la expresión justa: basta una sola palabra si el mensaje se transmite correctamente. El conceptismo parte de esa escritura más sencilla del Renacimiento —la vinculada a los herederos del petrarquismo— en busca de un mayor y más barroco refinamiento, que logra mediante el uso de las figuras literarias [ver capítulo

25]. La escritura conceptista es la escritura del ingenio, de los juegos de palabras, de los recursos en los que se quiebra el significado que se espera de un término, y se le asigna uno sorprendente pero justo. Los poetas conceptistas más representativos fueron Lope de Vega y Francisco de Quevedo, y también podríamos incorporar al aforista Baltasar Gracián [ver capítulo 24].

Las poetas áureas

Además de santa Teresa de Jesús, muchas mujeres escribieron durante el Siglo de Oro español, desarrollando su obra en los conventos y la corte. Destacan Florencia Pinar —cuyos versos figuran en el *Cancionero General*—, Luisa Sigea o Cristobalina Fernández de Alarcón, y sobre todo sor Juana Inés de la Cruz, nacida en la intendencia de México.

Si el conceptismo arroja luz, el culteranismo la apaga: oscurece la escritura, rechaza el vocabulario sencillo y complica el léxico y la sintaxis —imitando la del latín— gracias a recursos como el hipérbaton [ver capítulo 27]. A veces se alude a esta propuesta estética como gongorismo, en referencia a Luis de Góngora. Con el culteranismo se inicia —o se retoma— una vía que proseguirá en Rubén Darío [ver capítulo 41], en nombres de la generación del 27 como el de Federico García Lorca [ver capítulo 42], en los poetas en torno a la revista *Cántico* y en la generación de los Novísimos, y que conectará la tradición española con el simbolismo francés [ver capítulo 40]. A diferencia del conceptismo, una estética netamente castellana, el culteranismo encuentra su reflejo en movimientos como el eufuismo inglés, el marinismo italiano o el preciosismo francés.

La idea en síntesis: la época de mayor altura de la poesía castellana

38 El Romanticismo

Nunca un disparo en la ficción provocó tantos otros en la realidad. El que terminaba con la vida del joven Werther, el personaje de Goethe, inspiró a muchos jóvenes europeos que proyectaron sus desdichas en las del antihéroe. Con un pistoletazo se inauguraba el *Sturm und Drang*, y con su ímpetu se allanaba el camino al movimiento con el que finalizaban la época de la razón y el siglo XVIII.

En los años en los que la Ilustración y el Neoclasicismo —según el país, uno u otro discurso calaron con diferente intensidad— apostaban por situar a la razón y al conocimiento en el origen de la obra literaria, se fraguaba una respuesta desde el otro extremo: el de los sentimientos. Una escritura no limitada a la emoción, sino centrada en el análisis de uno mismo.

¿Qué significa «romanticismo»?

La primera teoría posee un carácter lingüístico y lo vincula a las lenguas romances como símbolo de la modernidad, en contraposición al latín: lo romántico representa ya la propia lengua, la propia cultura, independiente al fin de la cultura de la Antigüedad. Una segunda idea se basa en la etimología, relacionando «Romanticismo» con «*roman*», la palabra francesa para la novela. La tercera de ellas combina ambas intenciones y asigna la invención al escritor británico James Boswell, que en *Informe sobre Córcega* (1768) utilizó el término «romántico» —Samuel Pepys lo hizo un si-

Cronología

1798	1800-1801
Publicación anónima de *Baladas líricas*, obra de Coleridge y Wordsworth	Friedrich Hölderlin compone varias de sus grandes elegías

La poesía romántica en España

Nuestro Romanticismo difiere en tiempos y tonos del que se practicó en el resto del continente. Sin figuras que se acerquen a las alemanas o británicas, los primeros poetas románticos españoles escriben mientras el movimiento ya declina en Europa: ocurre con José de Espronceda o Carolina Coronado, y desde luego con los autores más representativos, Gustavo Adolfo Bécquer y Rosalía de Castro, de la segunda mitad del XIX. Para muchos críticos, ambos practican una poesía cercana al simbolismo francés que en España —ocupada en el Realismo— no logra fructificar.

glo antes— para aludir a una sensación que no resulta fácil expresar con palabras, y que necesitaría —por tanto— una novela, «*un roman*»; la traducción al alemán de esta obra popularizaría «romántico» como reacción ante «clásico». De ella derivaría la cuarta suposición, puesto que en 1819 el crítico Friedrich Bouterwek empleó «romántico» para aludir a un nuevo y moderno movimiento literario.

Rasgos

Las principales características del Romanticismo se establecerían casi por enfrentamiento con las del Neoclasicismo. Si los ilustrados defendían la razón como guía de la creación, y al mismo tiempo como vía para el entendimiento común, los románticos apostaban por el individualismo. De este lugar central del Yo, y de esta reflexión sobre la identidad propia frente a la identidad grupal, derivarían otras de las constantes del movimiento: la condición visionaria del poeta [ver capítulo 4], el auge de los nacionalismos, la presencia de lo sublime —el ideal romántico que se plantea frente a la teoría neoclásica de la

1817

Endymion, poema épico de John Keats

1845

Edición definitiva (y póstuma) de los *Cantos* de Giacomo Leopardi

«Aquí yace alguien cuyo nombre fue escrito en el agua.»

John Keats, 1795-1821

belleza— o la ruptura con los clásicos grecolatinos, encontrando su inspiración en la cultura medieval.

Resulta muy interesante fijarse en la tradición a la que se adscriben los escritores románticos. Frente a los clásicos que releyeron los ilustrados, a ellos les interesan las obras artísticas que emanan del pueblo —toda la literatura popular de la Edad Media [ver capítulo 35], con los romances [ver capítulo 20] y las coplas anónimas, transmitidas de generación en generación y de boca en boca— y los usos de la métrica y de la rima vinculados a ellas.

Focos de escritura y principales autores

Aunque el movimiento romántico cruzó el océano e influyó en autores tan diversos como Edgar Allan Poe [ver capítulo 23] o la cubana Gertrudis Gómez de Avellaneda —que terminaría instalándose en España, y escribiendo aquí—, las dos escuelas poéticas de mayor relevancia se situarían en Europa: la alemana y la británica, sin obviar a poetas como el italiano Giacomo Leopardi o la poesía romántica francesa. Como respuesta a esta última se originan buena parte de los movimientos literarios [ver capítulo 40] de los que surgirá, a su vez, la poesía moderna europea.

Al margen de la mecha prendida por la novela de Goethe, en la poesía romántica alemana se distinguen varias vetas —estéticas, también éticas si se quiere: unas más cercanas a la religión, otras con la naturaleza como eje— y distintas etapas, muchas de ellas cruzadas con el rastro romántico en la filosofía o la narrativa. En Alemania se inaugura la corriente, y se estira hasta mediado el siglo XIX, con autores como Friedrich Hölderlin o Novalis, en el tramo del llamado «Primer Romanticismo», o el más tardío Heinrich Heine. En esa línea del rescate de la poesía popular destaca la escritura de *lieder*, breves letras de canciones [ver capítulo 46] compuestas para solista y piano. La voz más representativa es la de Wilhelm Müller, autor de los textos de *Viaje de invierno* (1824), que Franz Schubert musicaría más tarde.

Sin embargo, pese a que el Romanticismo se origina en Alemania y desde allí escriben los teóricos que aportan una mayor lucidez al movimiento, los principales poetas románticos serán los británicos. Partirán de rasgos similares a los autores en otras lenguas, como el rechazo a la razón o la sacralización de la naturaleza, y moldearán un discurso propio también en dos oleadas. Con la obra del poeta-pintor William Blake como pórtico, serán William Wordsworth y Samuel Taylor Coleridge [ver capítulo 4] los principales nombres de esa primera avanzadilla del movimiento romántico, que inauguran publicando —sin firmarlo— las *Baladas líricas*. Ambos viajaron a Alemania, donde estudiaron la lengua, leyeron a sus coetáneos y conocieron la figura del *minnesänger* [ver capítulo 5]. El testigo pasará a la siguiente generación, en la que tienen relevancia las voces de lord Byron [ver destacado], Percy Bysshe Shelley y John Keats, autores que presagian la vida bohemia y el malditismo.

El cliché del poeta romántico

Existen muchos tópicos en torno a la poesía romántica, pero la amplitud de su discurso alcanza más allá de las penas de amor, y se instala en la búsqueda de la identidad individual. Sin embargo, la biografía de uno de sus máximos exponentes sí que representa ese cliché del poeta romántico: lord Byron (1788-1824), un tipo aventurero y seductor que pondría versos a la leyenda de don Juan, y que murió mientras viajaba a luchar por la independencia griega.

La idea en síntesis: una poética del individualismo

39 Emily Dickinson

Quién necesita una vida generosa en experiencias cuando dispone de tiempo para la reflexión... y de un invernadero. Puede que Emily Dickinson se lo planteara al entender que la realidad jamás estaría a la altura de sus expectativas, de modo que desde su particular habitación propia forjó una obra que abarcó miles de poemas, y una expresión nueva —más contenida y reflexiva— para la poesía.

Cuenta la leyenda que Emily Dickinson se negó a salir de la casa familiar durante los últimos años de su vida; en muchas ocasiones, ni siquiera le apetecía caminar más allá de su propia habitación. Tampoco saludaba a quienes acudían a visitarla, y a veces incluso decidía no abrirles la puerta, conversando con ellos a través de la madera. Tenía un sentido del humor algo desafortunado: cuando una indigente le preguntó por un hogar en el que resguardarse, Dickinson le indicó la dirección del cementerio, «para ahorrarle una mudanza». Vestía de blanco y sus amigos —menos cada vez— dependían de las cartas que escribía con tanta intensidad como los poemas. La mayoría se dirigían a amigos y mentores —los pastores Edward Everett Hale y Thomas Wentworth Higginson— con los que debatía sobre asuntos metafísicos, obviando cualquier atisbo de intimidad.

Con respecto a estos poemas, se conservan más de mil: únicamente publicó cinco en vida, algunos resguardada

Cronología

1830

Nace en Amherst (Massachusetts, Estados Unidos)

1847

Inicia sus estudios en Mount Holyoke, en South Hadley

por el anonimato, y siempre con difusión escasa. Existen ochocientos en los cuadernos que su hermana heredó, y otros cientos en las cartas que enviaba a familiares y amigos. Cuenta la historia —en cambio— que Emily Dickinson revolucionó la poesía no ya de su tiempo, sino de su futuro, gracias a una escritura sin parangón hasta entonces: textos sin título, brevísimos —y de versos muy cortos—, con una sintaxis caprichosa —entrecortada, fruto quizá de la urgencia por decir— y un uso brillante de la llamada «media rima» o «rima imperfecta» [ver capítulo 13].

La poeta que no quería publicar

La imagen huraña de Emily Dickinson se completa con el hecho de que se negara a publicar sus poemas. No parece del todo cierto: de hecho, lo intentó. Con poco más de treinta años envió un puñado de versos a su maestro Thomas Wentworth Higginson, preguntándole si sus poemas tenían «vida»; él le contestó sugiriendo cambios que alejaban los textos de la voz propia de Dickinson, y los acercaban a la moda de la época.

Flores, espíritus y carcajadas

La poesía se esconde en el herbario que una adolescente compila con parsimonia, entre las flores y las plantas que recoge en el jardín de la casa de sus padres —que será la suya propia hasta que muera— o en los campos a los que sale a pasear: las seca de forma que sus rasgos más representativos queden bien visibles, las pega en el cuaderno, y luego anota el nombre de cada una con letra cuidadosa. La poesía se esconde en los momentos de silencio —la imaginamos con trece o catorce años, leyendo en esa misma habitación de sus cincuenta años, vivida ya la vida— en los que esa misma chica lee la Biblia, y se plantea el significado de las palabras a las que debe rendirse, y las niega o las acata, y las reinterpreta en sus pensamientos, más tarde en sus poemas. Y la poesía se esconde, una vez más, en los chistes afiladísimos —tanto que herían— que la muchacha escribe

1862
Publica algunos poemas en un diario local

1867
Se niega a salir de casa, e incluso de su habitación

1886
Muere en el mismo inmueble en el que nació y pasó toda su vida

para sus compañeras en el seminario de Mount Holyoke, durante los únicos años que pasará lejos de Amherst; en las carcajadas que le despiertan las noticias sobre accidentes o los fragmentos literarios que se recogen en el periódico.

En estos tres elementos se basa su escritura: en la observación de la naturaleza, que equivale a la observación de la vida; en la reflexión sobre la propia vida, que conlleva la reflexión sobre la muerte; y en un discurso basado quizá no en el humor, quizá no en la risa, sí desde luego en un asombro continuo y un descreimiento que tampoco se interrumpe. Los poemas de Emily Dickinson huyen de las verdades absolutas: indagan en los caminos que nos conducen a ellas.

La poeta de Amherst

El camino de Emily Dickinson se inicia en 1830 en Amherst; allí se detendrá en 1886. Emily es la mediana de tres hermanos, y el vínculo familiar resultará determinante en su escritura: con el mayor, Austin, por la relación que mantendrá con su cuñada Susan Huntington Gilbert, a la que mostrará sus poemas y de la que recibirá consejos literarios que desoye; y con la pequeña, Lavinia, su eterna confidente, encargada de mantener en la casa un ambiente favorable a la escritura, y responsable de difundir los poemas de Emily Dickinson tras su muerte. Con ellos regresaría, enferma, tras aprobar el primer curso en Mount Holyoke.

«Mi vida ha sido demasiado sencilla y austera como para molestar a nadie.»

Emily Dickinson, 1830-1886

En los poemas que Lavinia Dickinson rescató, y que entregó a imprenta en 1890, no aparecían fechas que guiasen una lectura cronológica; de ahí las distintas ediciones que se han publicado de su obra, la mayoría con un eje temático. En muchos de ellos se refleja la existencia de un amor imposible, primero como tormento y después como recuerdo que se disipa: una figura que se ha identificado con un joven desconocido, con un religioso casado, con el pastor Charles Wadsworth o incluso con su cuñada. La muerte de

El trascendentalismo

La poesía moderna estadounidense —lo que equivale a la poesía moderna de aquí y de allá— hunde sus cimientos en la obra de tres autores coetáneos, tan poderosos como diferentes: Edgar Allan Poe y su aliento simbólico y narrativo [ver capítulo 23], Walt Whitman y su capacidad torrencial para describir mundos, y Emily Dickinson y su discurso esencial. Los dos últimos leyeron al primero —Dickinson conocía los relatos que publicaba en periódicos—, y tanto Whitman como Dickinson compartieron un maestro: Emerson, figura del trascendentalismo con Louisa May Alcott y Henry David Thoreau. Los trascendentalistas abogaban por una relación nueva con Dios y con el mundo, en una conversación directa entre el individuo y el universo, sin jerarquías.

Wadsworth, unida a la de su amigo Benjamin Franklin Newton —que descubrió a Dickinson la obra de Ralph Waldo Emerson—, prendió dos decisiones en Emily Dickinson: encerrarse en casa y negarse a publicar sus textos. «Me llaman», escribió en su última carta, que envió a sus primas. Ellas habían sido las primeras en leer sus poemas, siendo niñas. Se cerraba el círculo.

La idea en síntesis: a la poesía le basta cualquier vida

40 Antes de la vanguardia francesa

La clásica disputa entre países para identificar si tal plato o tal bebida se probaron por primera vez en uno o en otro, o si un deporte de masas se inventó más allá o más acá, podría reproducirse para dirimir en qué país se inventó —como tal— la poesía moderna. Lo sentimos, pero en este combate los franceses —con su artillería del XIX— llevan todas las de ganar.

La alineación de poetas franceses del siglo XIX pinta a *dream team*, por mantener el símil futbolístico: recogiendo el testigo de los autores románticos [ver capítulo 38], destacan nombres como los de Charles Baudelaire, Paul Verlaine, Arthur Rimbaud o Stéphane Mallarmé, a los que se sumarían en la retaguardia Isidore Lucien Ducasse —Conde de Lautréamont—, Théophile Gautier o Sully Prudhomme, ganador en 1901 del primer Premio Nobel de Literatura.

Corrientes

Tras una primera mitad del siglo de dominio de la literatura romántica, fijada en una herencia que se extenderá durante todo el XIX —como en la obra de Augustine-Malvina Blanchecotte—, se enlazan nuevos movimientos que reaccionan ante —o contra— este discurso.

Cronología

1857
Las flores del mal, de Charles Baudelaire

1871
Primer encuentro entre Arthur Rimbaud y Paul Verlaine

Charles Baudelaire

Cuando Charles Baudelaire vuelve a París —la ciudad en la que nació en 1821, y su ciudad de muerte— a los diecinueve años, quizá ni él mismo sospecha que su decisión cambiará la historia de la literatura. De París se marcha, de París huye, igual que de la poesía —que alterna con la traducción y con la crítica de arte, escrituras en las que también destaca—, pero siempre regresa a la feliz mala vida. *Las flores del mal* (con edición definitiva en 1868) escandalizó por sus «ofensas a la moral pública y las buenas costumbres», actitudes que mantendría en *los Pequeños poemas en prosa* [ver capítulos 21 y 22] y el ensayo sobre las drogas *Los paraísos artificiales* (1858-1860). Falleció en 1867.

El **parnasianismo** abre la veda. La crítica sitúa sus fechas de influencia entre los años 1866 y 1876, impulsado por Théophile Gautier y Leconte de Lisle, que se inspiraron en el monte Parnaso, hogar de las musas [ver capítulo 4]. Gautier adoptará —y adaptará— la expresión latina *ars gratia artis*, el arte para el arte, como lema de una propuesta estética que rechaza cualquier compromiso político de la creación, contestando al realismo. Además de la obra de Gautier, Lisle o Gérard de Nerval, su mayor aportación tiene que ver con la teoría poética —el *Pequeño tratado de versificación francesa* de Théodore de Banville, en 1872—, o la anticipación de nombres como los de Baudelaire, Verlaine o Mallarmé.

Casi en paralelo al parnasianismo se sitúa el **simbolismo**; acaso, por la altura literaria de sus exponentes máximos —Baudelaire y Rimbaud, Verlaine hasta su fuga al decadentismo, Lautréamont y un tardío Valéry—, uno de los movimientos literarios más importantes de finales del XIX en Europa, con ecos en otras lenguas y disciplinas artísti-

1873
Arthur Rimbaud autoedita *Una temporada en el infierno*

1884
Los poetas malditos, de Paul Verlaine

1897
Stéphane Mallarmé publica *Una tirada de dados jamás abolirá el azar*

Arthur Rimbaud

Recibió el apodo de Shakespeare niño —lo escogió el propio Victor Hugo—, y para cuando alcanzó la edad adulta ya jugaba en la misma liga que el Bardo. Nació en Charleville en 1854 y con quince años confesó en una carta a Banville su deseo de «convertirse en parnasiano o nada». Lo fue todo. Se fugó a París, conoció a Verlaine, escaparon juntos a Londres, encendieron la leyenda y publicó los dos libros que le inscribieron en la historia de la literatura: *Una temporada en el infierno e Iluminaciones* (compuesto en 1874). Después abandonaría la escritura para viajar por Asia y África, sobreviviendo como mercenario y contrabandista, y regresaría a Marsella para morir en 1891 por un cáncer de huesos.

cas. El manifiesto que Jean Moréas difundió en 1886 era claro con respecto a sus aspiraciones: se mostraban contra «la declamación, la falsa sensibilidad y la descripción objetiva». Del parnasianismo toman la importancia del lenguaje y de la imagen, que extienden a otros sentidos; recursos como la sinestesia [ver capítulo 25] tienen presencia constante en sus obras.

«Yo soy el imperio al fin de la decadencia», escribió Paul Verlaine, y con estas palabras abandonaba el simbolismo para fundar otro movimiento literario: el **decadentismo**, la protesta contra la estética parnasiana. El arte debe servir para escapar de la realidad y levantarse contra la burguesía, para celebrar la figura del héroe sin suerte. Un movimiento estético que insiste en la importancia del lenguaje y los sentidos, que conecta con el Romanticismo —¡todo vuelve!—, y que alcanzó su cumbre con dos obras que no contenían poesía, pero en cierto modo trataban sobre la poesía: el ensayo *Los poetas malditos*, de Verlaine, y la novela *A contrapelo*, de Joris-Karl Huysmans, ambas publicadas en 1884.

«No hay nada más hermoso que aquello que no sirve para nada.»

Théophile Gautier, 1811-1872

Stéphane Mallarmé

En Mallarmé (París, 1842-Vulaines-sur-Seine, 1898) recayó el honor —y la responsabilidad— de cerrar un siglo y anticipar otro. Ya que los movimientos a los que había pertenecido defendían que la poesía podía crear imágenes en la mente del lector, ¿cómo no iban las palabras a dibujarlas sobre el papel? Experimentó con la tipografía y con los espacios en blanco, permitió que el verso libre se reinventara [ver capítulo 10] en *Una tirada de dados jamás abolirá el azar...* e inspiró los movimientos de vanguardia que (d)escribirían Europa las primeras décadas del XX. Por la mítica tertulia literaria que celebraba en su casa pasaron Rainer Maria Rilke o William Butler Yeats.

La bohemia y los poetas malditos

Verlaine fijó en *Los poetas malditos* la figura del artista bohemio. Recurrió a autores con los que tuvo relación, alternando valoraciones literarias con anécdotas íntimas. Escribió sobre Rimbaud y Mallarmé, sobre Corbière y Desbordes-Valmore —una de las pocas escritoras de la época, valorada en estos movimientos, de la que tenemos noticia—, sobre Villiers de L'Isle-Adam, y un tal Pobre Lelian, Pauvre Lelian en francés, anagrama de su propio nombre. Frente al «bendito» poeta con el que Baudelaire abría *Las flores del mal*, Verlaine contrapone al poeta maldito: creadores que no obtienen el aplauso de sus coetáneos, rechazan los convencionalismos y cuya vida libre y bohemia —un término romántico— desemboca en una biografía trágica.

La idea en síntesis: el encuentro entre imagen y significado guía la escritura del siglo XIX

41 Rubén Darío

¿Qué poeta conseguiría que su localidad natal adoptase su nombre en homenaje? Rubén Darío nació en San Pedro de Metapa, que cuatro años después de la muerte del autor pasó a llamarse Ciudad Darío. Darío la abandonó pronto para recorrer mundo, y convertirse en el autor paradigmático del diálogo no ya entre las dos orillas del idioma, sino de la poesía europea y la poesía latinoamericana.

Quizá hoy esbocemos una sonrisa ante los primeros versos de la "Sonatina", ese «La princesa está triste... ¿Qué tendrá la princesa? / Los suspiros se escapan de su boca de fresa». Merece la pena no acercarse a estas palabras con una mirada actual, sino intentar comprender esta escritura —y a quien la escribió— con las circunstancias, y con el contexto, de su época: los últimos años del siglo XIX y primeros del XX. Entonces valoraremos la importancia, en varios rumbos diferentes, de la obra de Rubén Darío.

El vínculo entre Europa y América

Uno de ellos tiene que ver con el papel de Darío como punto de unión entre distintas tradiciones que —hasta entonces— habían mantenido entre sí un diálogo escaso o inexistente. Por su periplo biográfico, casi también periplo geográfico, Rubén Darío tiende puentes entre la escritura poética en castellano de España y la de América Latina; entre la literatura europea —que en su caso significa literatura francesa [ver destacado]— y la literatura en castellano; y entre la poesía que se escribe en América, pero al sur

Cronología

1867	1892
Nace en San Pedro de Metapa, más tarde Ciudad Darío	Primer viaje a Europa

El Modernismo

A Rubén Darío se le considera la principal figura del Modernismo en la poesía en castellano, un movimiento artístico expandido a disciplinas como las artes plásticas o la arquitectura, y que obtiene un mayor eco entre los escritores latinoamericanos que entre los españoles, aunque marcase los primeros pasos de Juan Ramón Jiménez y Antonio Machado. Entre los rasgos principales de este movimiento destacan la apuesta por la belleza —en una escritura plena de sugerencias, basadas sobre todo en el juego con la metáfora [ver capítulo 25] y la sinestesia [ver capítulo 25]—, el trabajo con la música gracias a recursos como la aliteración [ver capítulo 27] o la voluntad de renovación de ciertos aspectos no tanto formales como léxicos —con neologismos— o temáticos.

y en castellano, y la poesía que se escribe en América, pero al norte y en inglés.

Porque Rubén Darío nace —como Félix Rubén García Sarmiento— en Nicaragua y en 1867, pero con apenas quince años prende su vida nómada: El Salvador, Chile, Argentina, Perú, Guatemala, Costa Rica, Cuba, España o Francia se convirtieron —sobre todo estos dos últimos países, con regresos constantes al suyo natal— en su hogar, durante mucho o poco tiempo, pero lo suficiente como para generar un vínculo fuerte con la escritura de cada país, que llevaría consigo. Rubén Darío ocupa un lugar central en el conocimiento de la poesía francesa del momento en España, y —aunque en muy menor medida— en la poesía española de la época en Francia. En sus distintas etapas españolas, Darío mantiene amistad con poetas de generaciones diferentes como José Zorrilla o los hermanos Manuel y Anto-

1896	1905	1916
Prosas profanas y otros poemas	*Cantos de vida y esperanza*	Fallece en León (Nicaragua)

«Yo soy aquel que ayer no más decía / el verso azul y la canción profana.»

Rubén Darío

nio Machado, a quienes arropa en sus estancias parisinas.

Con un peso más leve, y llamativo carácter inaugural, en la poesía de Rubén Darío se distingue —a su vez— el rastro de tres lecturas de la poesía estadounidense. Quizá en Ralph Waldo Emerson [ver capítulo 39], poeta del trascendentalismo y maestro tanto de Emily Dickinson como de Walt Whitman, encontrara la inspiración para plasmar la naturaleza —y su fuerza simbólica— en los poemas; de Edgar Allan Poe [ver capítulo 23] aprendió a trabajar el poema narrativo con una estructura diferente a la «heredada» de la tradición hispánica; y Whitman le enseñaría a domar —o todo lo contrario— la ambición de encerrar el mundo en un poema.

La estética (y la ética) rubeniana

Esas influencias de la vida en la poesía, y de las lecturas —otra forma de vida— en la poesía, fijaron no tanto los temas de la escritura de Rubén Darío —casi los de siempre: el amor y la belleza, asociados al deseo, y una veta más social que política, muchas veces de compromiso para satisfacer al pagador de turno— como los rumbos estéticos de su discurso. La publicación de cada uno de sus grandes libros —*Azul…*, *Prosas profanas y otros poemas* y *Cantos de vida y esperanza*— marca, a su vez, el viraje hacia otra forma de decir.

En el caso de Rubén Darío, la palabra no se hace carne, sino imagen y música. Ocurre desde ese libro inicial, escrito con el molde de los clásicos españoles y desde el espíritu romántico [ver capítulo 38]: hay en *Azul…* heptasílabos, octosílabos y endecasílabos [ver capítulo 11], y las estrofas elegidas también responden a la métrica tradicional en la poesía castellana clásica, con romances o décimas. De ellas parte para escribir *Prosas profanas y otros poemas*, en el que la innovación mayor tiene que ver con el plano simbólico: el poema se dice, por supuesto, pero so-

La relación con Francia

En el caso de Rubén Darío, el influjo de la literatura francesa en la escritura modernista se prolonga —como hemos visto— hasta los movimientos de reacción contra el Romanticismo: el parnasianismo y el simbolismo [ver capítulo 40]. Darío vivió en París durante varios momentos de su vida, y en varios momentos de su obra se intuyen sus lecturas: Victor Hugo en *Azul...*, los parnasianos en *Prosas profanas y otros poemas*, acaso Paul Verlaine en *Cantos de vida y esperanza*. De este último tomaría como ejemplo su ensayo *Los poetas malditos* para construir el volumen de semblanzas *Los raros* (1896).

bre todo dice; la labor de insistencia en el sonido de *Azul...* —en la manera en la que se escucha el poema— la enfoca aquí hacia la insistencia en el significado, en la metáfora, en la formación del imaginario.

Un imaginario culturalista, fruto de esa tensión entre la vida y la literatura, alimentándose la una de la otra, y que se estrecha más allá de las referencias explícitas a autores, obras o lugares. Todas estas intenciones se atenúan en su última gran obra, *Cantos de vida y esperanza*, en la que transforma la orientación de su escritura: se mantienen la música, el gusto por la imagen, pero se disipa el tono expansivo —y exaltado— de sus poemarios anteriores y aboga por una escritura más íntima, inclinando la balanza del lado de la vida.

La idea en síntesis: poeta-puente entre Europa y América

42 Federico García Lorca

La poesía española del siglo xx tiene muchos nombres. Se llama Antonio Machado y Juan Ramón Jiménez, se llama Luis Cernuda y Jaime Gil de Biedma, se llama Gloria Fuertes y Alfonsa de la Torre, se llama —sobre todo— Federico García Lorca. Nuestro poeta más universal reconcilió tradición y vanguardia, cultura popular con libros y escenarios, y cantó más alto que nadie.

No demasiados poetas merecen un adjetivo propio: «lorquiano», en su caso. Federico García Lorca es poeta de entusiasmos y veneraciones, icónico y equivalente a pasión y a visión: un mito en parte por su muerte trágica, pero también por su personalidad arrolladora y por la singularidad de una poesía que fue muchas a la vez.

La escritura, los viajes, la amistad

Hijo de un terrateniente y una maestra, Lorca nace el 5 de junio de 1898 en Fuente Vaqueros, un pueblo de la Vega. Con la mudanza a Granada de la familia —el futuro poeta apenas ha cumplido los once años— se despierta en él la pasión por la música, que desplaza en sus intereses a la lectura. No retomará su contacto con la literatura hasta su época universitaria, en 1914, cuando se matricula en las carreras de Derecho y Filosofía y Letras: debe —debemos— este cambio tanto a su implicación en la tertulia del café Alameda como a los viajes por España con el profesor Martín Domínguez Berrueta. Inspirarán su primer li-

Cronología

1898	1914
Nace en Fuente Vaqueros (Granada)	Se matricula en la universidad y decide centrarse en la escritura

bro, *Impresiones y paisajes* (1918), la recopilación de prosas que le convierte en escritor.

La vida de Lorca cambia de escenario en la década de los veinte: de Granada a la Residencia de Estudiantes de Madrid, uno de los ejes de la modernización del país, desde su fundación en 1910 hasta el final —en 1939— de su primera etapa.

«Ni yo ni ningún poeta sabemos lo que es la poesía.»

Federico García Lorca, 1898-1936

En la Residencia conoce a las principales figuras del pensamiento internacional, pero sobre todo se relaciona con nombres clave para su formación vital —y para la cultura española, de paso— como el cineasta Luis Buñuel o el pintor Salvador Dalí. Ya para entonces, Lorca prefiere la poesía y el teatro a la prosa.

Las tres contraseñas para acceder al universo creativo de Federico García Lorca se definirán en estos años. Escritura, viajes, amistad: el conocimiento, al fin y al cabo. Lorca regresa a Granada y estrecha lazos con el músico Manuel de Falla, visita a Dalí en su Cadaqués natal, con Vicente Aleixandre o Rafael Alberti se implica en el homenaje generacional a Luis de Góngora en el Ateneo de Sevilla. Escribe, escribe y escribe: *Romancero gitano* (1928), por ejemplo. En él, Lorca actualiza nuestra tradición y se sirve de las formas clásicas y los tópicos de la cultura popular andaluza, recurriendo a símbolos ya propios: la luna, los colores... La durísima reacción de sus amigos a esta obra, unida al fracaso de la revista *Gallo* y a la ruptura sentimental con Emilio Aladrén, precipitan el viaje más importante de su vida.

Poeta en Nueva York

En el buque Olympic viajarán a Nueva York el poeta y su amigo el político Fernando de los Ríos. Lorca confía en aprender inglés, sanar sus heridas y encontrar nuevos rum-

1927	1929-1930	1936
Participa en el homenaje a Góngora del Ateneo de Sevilla	Viaja a Nueva York y La Habana	Es asesinado en la carretera de Víznar a Alfacar

Yo he nacido poeta...

Hace unos meses que Lorca vive en Madrid, en la Residencia de Estudiantes: allí escribe sus primeros libros de poemas y sienta las bases de su pensamiento intelectual. Sus padres accedieron a dejarle marchar de Granada tras la mediación de Fernando de los Ríos, que haría lo propio en el viaje neoyorquino del poeta, pero los García Lorca se impacientan ante los malos resultados académicos de su hijo, y le exigen que regrese a casa.

Ante esto, Federico envía a su padre una carta que contiene una de las más hermosas reflexiones sobre la figura del poeta. Fechada el 10 de abril de 1920, a pocas semanas de cumplir los veintidós años, el poeta escribe: «Yo te suplico de todo corazón que me dejes aquí hasta fin de curso y entonces me marcharé con mis libros publicados y la conciencia tranquila de haber roto unas espadas luchando contra los filisteos para defender y amparar el Arte puro, el Arte verdadero. A mí ya no me podéis cambiar. Yo he nacido poeta y artista como el que nace cojo, como el que nace ciego, como el que nace guapo. Dejadme las alas en su sitio que os respondo que volaré bien».

bos para su escritura. Lo conseguiría… aunque de una forma inesperada. La ciudad en la que «no duerme nadie», deshumanizada y capitalista, ingrata con sus hijos más pobres, enciende los versos de *Poeta en Nueva York*: un libro que continuará ardiendo en La Habana, a la que se traslada nueve meses después. Del río Hudson, Lorca extrae las imágenes y la poesía; en el mar Caribe se le ocurren la música y la escena. En junio de 1930, justo un año después de su partida, García Lorca vuelve a Madrid con varios manuscritos bajo el brazo: el de *Poeta en Nueva York* no se publicará hasta después de su asesinato. Un libro visionario, que conjuga la fiera crítica social con la inmensa altura estilística, en la que las imágenes brotan del surrealismo y el versículo se derrama por la página, heredero del inmenso Walt Whitman.

Con la instauración de la Segunda República, Federico García Lorca se implica en diversos proyectos que buscan acercar la cultura al pueblo. El nuclear, La Barraca: un grupo de teatro universitario que representaba por todo el país las obras de los escritores del Siglo de Oro [ver capítulo 37]. Su éxito teatral le permitiría residir durante varios meses en Buenos Aires y Montevideo, donde se representan sus obras y conoce a los más prestigiosos autores del momento. A su regreso a España da los últimos retoques a *Poeta en Nueva York* o *Diván del Tamarit*, compone el *Llanto por Ignacio Sánchez Mejías* y entrega a la escena títulos como *Yerma* (1934) o *La casa de Bernarda Alba* (1936).

El poeta llega a la Huerta de San Vicente, la finca de veraneo de los García Lorca, el 14 de julio de 1936. Ha rechazado diversas invitaciones para viajar a Latinoamérica, propiciadas en parte por su fama y prestigio crecientes, también por la inestable situación del país. Sin embargo, cree que todo se solucionará pronto y que Granada le ofrecerá la seguridad que no percibe en Madrid. Busca refugio en la casa de Luis Rosales, poeta amigo suyo, donde la Guardia Civil le detendrá el 16 de agosto. Dos madrugadas más tarde, un mes después del golpe de Estado, fusilarán al poeta y enterrarán su cadáver en una fosa común.

La idea en síntesis: nuestro poeta más universal

43 La generación *beat*

Se llamaban Neal Cassady, Gregory Corso, Lawrence Ferlinghetti, Allen Ginsberg, Herbert Huncke, Jack Kerouac o Carl Solomon: sus poemas salvajes y alucinados dialogaban con las novelas de William S. Burroughs o John Clellon Holmes, y nacían de viajes —geográficos o simbólicos— hacia la catarsis. Sexo, drogas y religión: los *beat* lucharon por escribir como querían... y vivir como querían.

«He visto las mejores mentes de mi generación destruidas por la locura, histéricos famélicos muertos de hambre arrastrándose por las calles...» De esta forma comienza *Aullido* (1956), el paradigmático libro de Allen Ginsberg, acaso —con las novelas *En el camino* (1957), de Jack Kerouac, y *El almuerzo desnudo* (1959), de William S. Burroughs (1959)— la obra más relevante de este grupo de autores a contracorriente. En esta letanía peculiar, un poema inagotable cuyo aliento estira el versículo hasta la prosa, residen muchas de las claves de un movimiento que recogió el descontento de la juventud estadounidense —en los años de la Segunda Guerra Mundial y el comienzo de la Guerra Fría— y prefiguró la búsqueda *hippie* de paz y amor. La cadencia enloquecida del *jazz*, la sensación de que no existe futuro o la inquietud espiritual laten ya en ese poema con el que Ginsberg gritó a la sociedad de su época.

Cronología

1944	1948
Burroughs, Carr, Ginsberg, Huncke y Kerouac se conocen en Nueva York	Holmes y Kerouac acuñan el término *beat*

La semilla de la contracultura

Pese a la urgencia de escritura que transmite *Aullido*, la generación *beat* no se vertebra como un movimiento espontáneo y azaroso, sino que obedece a una reflexión labrada durante más de una década: la que media entre esa primera lectura pública y el encuentro entre Burroughs, Carr, Ginsberg, Huncke y Kerouac en la Universidad de Columbia, en Nueva York, allá por 1944. Años de experiencias desprejuiciadas, de viajes compartidos que se inscribirían en la historia de la literatura, de lecturas —con Arthur Rimbaud, Antonin Artaud y nuestros locos franceses a la cabeza—, de mentes y de camas abiertas... y años también de asesinatos, de condenas a prisión y de estancias en psiquiátricos, que alimentarían el imaginario propio y la leyenda ajena.

Al núcleo inicial de la poesía *beat* se sumarían Corso, Ferlinghetti, Solomon... y el eje se desplazaría de Nueva York a San Francisco, donde muchos de ellos se refugiaron al inicio de la década de los cincuenta. En esa época, los *beat* modificarían no solo el rumbo de su escritura, sino también su forma de vida, y se relacionarían con el llamado «Renacimiento de San Francisco». De él formaron parte autores como Madeline Gleason o Kenneth Rexroth, con quienes compartían interés por las culturas orientales y pasión por el *jazz*, pero de quienes les separaba un distinto concepto del len-

Las mujeres 'beat'

No se trata de que no existieran mujeres en la generación *beat*, sino de que no obtuvieron la misma visibilidad que ellos. Annalisa Marí reunió en *Beat Attitude* (2015) a las poetas más destacadas de este movimiento: Elise Cowen, Hettie Jones, Lenore Kandel, Mary Norbert Körte, Joanne Kyger, Denise Levertov, Diane di Prima, Janine Pommy Vega, Anne Waldman y Ruth Weiss. Añadiríamos a autoras como Margaret Randall o Diane Wakoski, entre otras que publicaron en las mismas editoriales, participaron en las mismas lecturas y festivales y —sobre todo— compartieron rasgos con Ginsberg y compañía.

1953
Ferlinghetti funda en San Francisco la librería y editorial City Lights

1956
Se publica *Aullido*, de Allen Ginsberg

1959
La vuelta de tuerca de Kerouac: *beat* significa ahora «beatitud»

guaje: frente a la construcción, la destrucción. En San Francisco, cuna de la contracultura y el movimiento *hippie*, los poetas *beat* encontraron su hogar.

Qué significa *beat*

El término *beat* ha respondido a diferentes significados durante la historia del movimiento. El primero de ellos se fija en 1948, durante una conversación entre los ideólogos Holmes —que difundiría sus intenciones en un mítico artículo publicado años más tarde en *The New York Times Magazine*— y Kerouac, que han pensado mucho en el papel que como grupo de escritores juegan en el presente —entonces— de la literatura del país. Ambos insisten en enfrentarse a la oficialidad, de ahí que huyan de las etiquetas, aunque funden la suya propia: escogen *beat* vinculándolo a la acepción popular entre la comunidad afroamericana, «hecho polvo» o «molido». El grupo de amigos se siente cansado ante la frialdad de las obras defendidas por la crítica, ante la escasa libertad de la que gozan como jóvenes y como artistas; se sienten —*beat down*— desinflados, desanimados. Ahí nace su rebeldía: de la rabia ante la imposibilidad de cambiar —o eso creen— su situación.

«Mierda, es SENTIMIENTO lo que me gusta en el arte, no ARTIFICIO.»

Jack Kerouac, 1922-1969

La popularización del término *beat* —y de la obra de sus integrantes— trajo a estos poetas tantos beneficios como quebraderos de cabeza. Los escritores aportaron nuevas interpretaciones para la palabra: Ginsberg subrayó el hastío que lo impregnaba ya en la década anterior —según escribió en el prólogo a la antología *The Beat Book* (1996), *beat* quería decir «acabado»—, mientras Kerouac establecía una distancia con aquellos primeros años, y conectaba lo *beat* con la beatitud (*beatitude*), en relación con ese nuevo giro más espiritual y consciente de su escritura. Sin embargo, en paralelo, el periodista Herb Caen difundía el término peyorativo *beatnik*: una fusión paródica entre *beat* y *Sputnik*, el nombre del satélite de la URSS, en referencia al supuesto espíritu antipatriota de estos poetas.

Ferlinghetti, el editor paciente

El 7 de octubre de 1955, Lawrence Ferlinghetti asiste a una lectura en San Francisco, y queda fascinado por la intensidad de uno de los participantes: Allen Ginsberg. De inmediato, le propone editar esos poemas en City Lights —comparte nombre, «las luces de la ciudad», con su librería—, y seis días más tarde remata el acuerdo con un telegrama que parafrasea la mítica nota de Ralph Waldo Emerson a Walt Whitman: «TE SALUDO EN EL INICIO DE UNA GRAN CARRERA [stop] ¿CUÁNDO TENDRÉ EL MANUSCRITO DE AULLIDO? [stop] LAWRENCE (FERLINGHETTI) LIBRERÍA CITY LIGHTS». El libro se publicó un año más tarde, y Ferlinghetti debió enfrentarse a un juicio —que ganaría— por obscenidad. El proceso se narra en la película *Howl* (2010), dirigida por Rob Epstein y Jeffrey Friedman.

En todo caso, la escritora y pintora Caroline Cassady acusó a los *beat* de tratarse de un «invento publicitario» de Ginsberg. Un invento que rompió la forma clásica del poema, habló sin tapujos del sexo y de las drogas, abogó por la libertad y se armó en tradiciones lejanas.

La idea en síntesis: la voz poética de la contracultura

44 La poesía que se ve (I)

Se dijeran o se escribieran, los poemas sobre los que te hemos hablado compartían rasgos y estructuras, división clásica en versos y en estrofas, una apariencia gráfica similar: la del poema. A comienzos del siglo XX, el poema comienza a expandirse hacia otras formas y otros sentidos.

Nos asomamos a la poesía visual, una disciplina que se debate entre varios géneros creativos: comparte herramientas con la literatura —la presencia del texto, la voluntad de contar desde la tipografía: las letras en las que se imprime— y ambiciones con las artes plásticas.

«La poesía visual no es dibujo ni pintura, es un servicio a la comunicación.»

Joan Brossa, 1919-1998

La poesía visual

Todos los códigos que hemos manejado hasta ahora —la rima y el ritmo, los recursos literarios, etcétera— se invalidan al hablar de la poesía visual. En ella la escritura se transforma en algo físico, material; en algunos casos se conserva la escritura tipográfica, los poemas compuestos por letras y silencios en blanco, pero en otros se sustituye por una imagen única, un *collage* o un símbolo que representa aquello sobre lo que se quiere hablar. La poesía visual se desentiende del lenguaje escrito, del lenguaje verbal —al que suele recurrirse en ocasiones muy contadas—, y apuesta por el lenguaje icónico: la imagen sustituye a la palabra. Por así decirlo, se escribe con imágenes.

Cronología

siglo IV a. C.
Caligramas de Simmias de Rodas

1918
Caligramas, de Guillaume Apollinaire

1934
Ezra Pound desarrol[l]a el método ideográm[ico] en *El ABC de la lect[ura]*

La poesía concreta

A raíz de su fundación —aplicada a la pintura— en los años 30, el concretismo se expandió a otras disciplinas artísticas con su rechazo de la representación figurativa. Dos décadas más tarde anidó en la poesía, con simultaneidad en Alemania —gracias a Eugen Gomringer, que en un principio tildaba su escritura de «constelación»— y Brasil —con el grupo Noigandres, integrado por los hermanos Augusto y Haroldo de Campos y Décio Pignatari—, con vocación doble: zafarse de la gramática y recurrir a herramientas alternativas —y gráficas— de expresión, y sintetizar la idea del poema en una sola imagen en la que, no obstante, continúa utilizándose la escritura tipográfica. Muchos estudiosos han ensanchado el concepto de poesía concreta, hasta incluir en ella prácticas muy diversas de la poesía visual.

Aunque existen precedentes a lo largo de la historia, la poesía visual se populariza —o al menos se convierte en una disciplina con mayor presencia— en paralelo al auge de las vanguardias. Poetas como el cubista Guillaume Apollinaire, el creacionista Vicente Huidobro o el ultraísta Guillermo de Torre practican la poesía visual, que también se trabajará en las prácticas ultraístas y dadaístas.

Ezra Pound y los ideogramas

Te interesará conocer cierta vuelta de tuerca en la poesía visual, que nos ilumina acerca de las muchas posibilidades en la relación entre el lenguaje de las imágenes y el de las palabras. El poeta estadounidense Ezra Pound se apasionó por los ideogramas chinos gracias a las investigaciones del japonólogo Ernest Fenollosa: los ideogramas son los símbolos que en ciertas lenguas representan no una letra o un

1955
Augusto de Campos estrena el término «poesía concreta»

1984
Se instala en un jardín barcelonés *Poema visual transitable en tres tiempos*, de Joan Brossa

fonema, sino una idea. Gracias al trabajo de Fenollosa, Pound descubrió que los ideogramas chinos poseían una extraordinaria fuerza comunicativa: no expresaban la palabra, sino que la recreaban. Para ello desarrolló la técnica del método ideográmico, en el que partía de ideas abstractas que representaba con símbolos concretos, recogiendo el espíritu de la escritura china.

La poesía opaca

Existe otra propuesta de la poesía visual —esta sí más reciente— en la que se regresa a la tipografía, otorgándole funciones nuevas: las letras no muestran, sino que ocultan y con ello dicen. Se trata de la *blackout poetry*, la «poesía opaca», una técnica ligada a la escritura creativa —no la inventó, pero sí la popularizó el artista Austin Kleon— que en nuestro idioma adopta también el nombre de «tachaduras».
Se toma al azar una página de un libro o una revista, y con un rotulador negro —para evitar que la tinta revele palabras que no se desean incorporar al texto— se tachan las palabras que no sirvan, y se conservan tan solo aquellas que forman el poema.

El caligrama

En la tipografía —y en su uso y posibilidades para el juego— se esconde el secreto de los caligramas, textos cuya disposición gráfica imita al objeto al que se refieren: un ejercicio de poesía visual que traslada el campo de batalla ya no al poema mismo, sino al papel sobre el que se escribe.

Los primeros caligramas se remontan a muchos siglos atrás. En el IV a. C., Simmias de Rodas compuso tres de ellos, incluyendo el famoso "Huevo": un poema que, en efecto, simulaba esta forma. Los poetas latinos aludían a ellos como *carmina figurata*, y Ausonio propuso llamarlos *technopaegnia*. Durante la Edad Media se «escribieron» caligramas en prosa; de hecho, existe una edición de Hechos de los Apóstoles con un millar de ellos. La mirada renacentista a la Antigüedad empujará a humanistas como Giulio Cesare Scaligero a rescatar esos caligramas, que durante los siglos XVII y XVIII se practicaron con entusiasmo en el centro de Europa, en especial en Alemania y Países Bajos.

Instalados en el siglo XX, el chileno Vicente Huidobro —tan vinculado a las vanguardias parisinas— incluyó un caligrama en *Canciones de la noche* (1913). Un año más tarde, Guillaume Apollinaire publicó un «ideograma lírico» en una revista, y en 1918 llegaría *Caligramas*, en el que «oficializa» el término para esta escritura dibujada.

La poesía objetual

El poema-objeto avanza más allá de la poesía visual: si la poesía visual mantiene el papel como el soporte de la creación, la poesía objetual se deshace de él, y se instala en el plano de lo tangible. Tal y como ha defendido Fernando Millán, el origen del poema-objeto se sitúa en la obra de Marcel Duchamp, los *ready-made* y el «arte de ideas»: esos «objetos encontrados» que no se consideran artísticos, pero que pasan a serlo al modificarlos el artista. De ahí surge el poema-objeto —popularizado con el nombre de «objeto surrealista», por su vínculo con esta estética—, practicado por Marcel Mariën, que trabaja sobre objetos cotidianos, y sobre todo por Joan Brossa, que también experimenta con la poesía visual y la llamada «poesía urbana», es decir: poemas-objeto de gran formato, en la línea de esculturas e instalaciones, que se exponen al aire libre.

La idea en síntesis: en la poesía visual se encuentran el arte y la literatura

45 La poesía que se ve (y II)

¿Qué ocurre con los poemas que se consideran poemas, pero que no contienen ni una sola palabra? ¿En qué cajón los conservamos? Existen poemas que se imprimen sobre papel fotográfico, y otros que se proyectan en pantallas, con la música alta; existen poemas, incluso, que sirven para vender.

A diferencia de otras experiencias de poesía visual [ver capítulo 44], las que te presentamos a continuación no gozan aún de un corpus teórico que las analice y clasifique: no se trata de que se encuentren en plena formación, porque muchas de ellas ya han ofrecido frutos bien maduros, sino de que creación y análisis no aparecen —todavía— de la mano.

La fotopoesía

Te resultarán familiares términos como «lenguaje verbal» o «lenguaje icónico» [ver capítulo 44]. Añade uno más: el «lenguaje fotográfico», relativo a la fotografía, y utilizado en una disciplina más cercana al arte que a la literatura. La fotopoesía propone la realización de poemas... desde la fotografía. Ojo: no confundas la fotopoesía con una fotografía alusiva al poema al que acompaña. Aquí no se expresa con palabras la metáfora [ver capítulo 25], sino que se representa con un símbolo más o menos literal. Sin embargo, conserva esa voluntad de transformar la realidad, desde lo que se mira hasta lo que se presenta: se sustituyen los recursos literarios por los de la fotografía. No existe anáfora, sino desenfoque; no hay exclamación, sino deformaciones.

Cronología

1923	1968
Fundación de la agencia de publicidad Mayakovski-Ródchenko Advertising-Constructor	EM de Melo e Castro filma *Rodalume*

El videoarte

Lo advirtió Bill Viola, uno de los creadores más prestigiosos en esta disciplina: «Hay que acercarse al videoarte como cuando se hojea un libro de poesía». Lo afirmaba a propósito de su instalación *Habitación para san Juan de la Cruz*, que en los años ochenta reprodujo la celda en la que el poeta místico [ver capítulo 29] estuvo encarcelado, y donde escribió buena parte de su obra. Mientras, en el exterior, una voz recita los versos del *Cántico espiritual*. Ante creaciones como la de Viola, nos preguntamos entonces qué separa el videoarte de la videopoesía; si el hecho de que el creador se inspire en la obra de un poeta, e incorpore sus versos a la obra, la convierte en una pieza de videopoesía, o simplemente —no es poco— se trata de un experimento en el que el videoarte dialoga con la literatura.

Si existe una obra referencial para la fotopoesía, esa es la de Chema Madoz. Madoz ronda en muchas ocasiones la poesía visual [ver capítulo 44], gracias a la evocadora potencia simbólica de sus imágenes: objetos que en muchas ocasiones forman parte de nuestra vida cotidiana, y que él descontextualiza acercándose al surrealismo.

La videopoesía

Mientras la fotopoesía apela al sentido de la vista, la videopoesía —desde el lenguaje audiovisual— incorpora el del oído. Al igual que ocurre con la anterior, un videopoema no consiste en la grabación de un poeta que declama su obra ni en el recitado de un texto mientras se proyectan imágenes, sino en una pieza que incorpora el lenguaje verbal —el de la palabra— al audiovisual: un cortometraje, en cierto modo, que recrea en imágenes el discurso

1983	2000	2011
Habitación para san Juan de la Cruz, de Bill Viola	Chema Madoz, Premio Nacional de Fotografía	*Videopoesía: un manifiesto*, de Tom Konyves

La poesía escénica

Resulta controvertida la clasificación de la poesía escénica. ¿A qué disciplina acercarla? ¿A la *performance,* ocupando por lo tanto un lugar próximo al de disciplinas de vanguardia como el videoarte? En este caso, la poesía escénica —también «perfopoesía»— trabaja con un lenguaje del lugar: las palabras importan tanto como la relación de quien interpreta —y sus gestos y acciones— con el espacio. ¿O tiene más que ver con la poesía *slam* [ver capítulo 47], por el protagonismo del texto al mismo nivel que su declamación? ¿O con el *spoken word* [ver capítulo 48], al vincular el poema a la experiencia que su escenificación causa en quien lo mira?

poético que lo guía. El videopoeta canadiense Tom Konyves advirtió en *Videopoesía: un manifiesto* que esta disciplina no debe confundirse con «los films poéticos, la poesía filmada, los poemas vídeo, la poesía en vídeo, la ciberpoesía, la cine-poesía, la poesía cinética, la poesía digital, la poetrónica, la filmación de la poesía», por lo que se descartan filiaciones como la película *Un perro andaluz* (1928), de Luis Buñuel. Tocaría esperar hasta los años sesenta para conocer el primer videopoema con sentido pleno: *Rodalume*, de EM de Melo e Castro.

Por su parte, los responsables de VideoBardo acotan los elementos que componen un videopoema: «imagen, sonido y palabra» para alcanzar una experiencia poética. Al margen de las características que definen el lenguaje audiovisual —esa mixtura entre lo visto y lo escuchado—, y de los elementos ajenos a la literatura —que no entiende de ángulos, movimientos de cámara o profundidades de campo—, sí que es cierto que algunos elementos de un lenguaje pueden «traducirse» al otro. Ocurre en el plano de la semántica, es decir, en el del significado de las unidades de la lengua, y la forma en la que se combinan. Por ejemplo: en el audiovisual, igual que en la poesía, se trabaja con recursos como la elipsis [ver capítulo 27].

Poesía y publicidad

Aunque en otro momento te hemos hablado de la vertiente social de la obra de Vladímir Mayakovski [ver capítulo 30], ahora te descubrimos otra de sus facetas: la de creativo publicitario. En colaboración con el artista y diseñador Aleksandr Ródchenko, Mayakovski fundó una agencia de publicidad —Mayakovski-Ródchenko Advertising-Constructor— que funcionaría durante dos años, y en la que repartieron las funciones según su experiencia: Ródchenko se ocupaba de la parte gráfica, y los textos —eslóganes breves, con fuerza, para captar la atención— corrían a cargo del poeta. Ambos produjeron un centenar largo de anuncios y objetos, que encajan tanto en el constructivismo —el movimiento artístico ligado a la Revolución rusa— como en el fenómeno de la propaganda, difusora en ese caso de los ideales bolcheviques.

«La poesía es una industria. De las más difíciles, de las más complicadas, pero industria a fin de cuentas.»

Vladímir Mayakovski, 1893-1930

Por este trabajo, a Mayakovski se le considera hoy un pionero en la incorporación del lenguaje poético a la publicidad. Sin los recursos de la poesía [ver capítulo 25], sin las inspiraciones de la poesía, muchos lemas pasarían desapercibidos; a este respecto, el publicitario Toni Segarra afirmó que «la buena publicidad se parece a la poesía popular», por su impacto más allá de la autoría y generación tras generación. La publicidad se sirve de muchas figuras literarias para asentar su mensaje: una cadena de supermercados recurrió al hipérbaton [ver capítulo 27] en «fulminamos los precios», y un ron se exhibió con la metáfora «oro caribeño».

La idea en síntesis: cuando la imagen se entiende como poema

46 La poesía que se escucha (I)

Nos suena de mucho la expresión «poeta urbano» aplicada a quien interpreta canción de autor, además de variantes —cuando se trata de un músico o una música que cuida sus letras de manera especial— como «vate» o «trovador», con todo el simbolismo que conllevan. Este vínculo entre la poesía y la música viene de antiguo, y se ha expresado de muy distintas formas, etapa tras etapa de la historia.

Parece evidente que las letras de canciones escogen de la poesía —de la literatura— algunos de sus recursos formales: que se sirven de la métrica para subrayar el ritmo; que acuden a las metáforas y a los juegos de palabras, entre otras figuras prestadas de —¿o compartidas con?— la literatura, para construir su discurso y articular su mensaje. Aquí tocaría preguntarse qué surgió antes, si la música como apoyo —o como vehículo— de la poesía, o la letra en conjunción con el sonido. Teniendo en cuenta que el verso parece —desde que naciera la palabra— la medida de todas las cosas, no lo tenemos fácil.

El huevo o la gallina

La poesía lírica [ver capítulo 3], la forma más esencial de la escritura poética, debe su adjetivo a un instrumento musi-

Cronología

1966	1969
Violeta Parra graba *Las últimas composiciones*	Se publica *Dedicado a Antonio Machado, poeta,* disco de Joan Manuel Serrat

La canción de las autoras

Las cantautoras españolas buscaron su propia voz revisando la tradición de la que partían. Cecilia reinterpreta las letras de la copla, esa literatura de la música con un poso más sentimental y narrativo, para adaptarlas a los nuevos tiempos; un ejercicio parecido al de Gloria Van Aerssen y Carmen Santonja —integrantes de Vainica Doble— que dan la vuelta al imaginario popular e incorporan lo íntimo, lo cotidiano, lo femenino. En Latinoamérica, la reivindicación de las mujeres —y la construcción de su discurso— se liga al folclore, a lo propio del pueblo. El de Violeta Parra es el nombre más conocido, pero merece la pena incorporar a la boliviana Matilde Casazola.

cal. Ambas expresiones han coincidido por los siglos de los siglos, desde quienes recitaban lira en mano hasta los exponentes actuales de la canción de autor —en sus diversas interpretaciones—, pasando por los aedos de la antigua Grecia [ver capítulo 5] o algunos trovadores medievales [ver capítulos 8 y 35], y etcétera, y etcétera. Ojo: expresiones como la ópera o la zarzuela, que aúnan la literatura —libretos mediante— y la música, pero también el ámbito escénico, «descienden» no de la poesía, sino del teatro.

Muchos géneros musicales basan su importancia en el poder de sus letras. Las canciones de Leonard Cohen, Bob Dylan, Jim Morrison o Patti Smith crecen si atendemos a sus palabras; sucede en el *rock*, y sucede en géneros tan alejados de él como la copla o el flamenco, por no hablar de las letras de canciones populares o más vinculadas al folclore —como la propia copla o el propio flamenco—, tan arraigadas en nuestro imaginario que su autoría se difumina. Sin los grandes poetas franceses [ver capítulo 40] no se

2010
Patti Smith, ganadora del National Book Award

2011
Premio Príncipe de Asturias de las Letras a Leonard Cohen

2016
Bob Dylan obtiene el Premio Nobel de Literatura

comprenden las letras de Serge Gainsbourg, por no aludir a toda la fértil *chanson* francesa, y tampoco la obra del compositor Kurt Weill sin las letras de Bertolt Brecht.

Quien escribe letras... ¿escribe poesía?

Una letra de canción... ¿posee vida literaria propia? ¿Respira fuera de su medio natural, el de la interpretación con la música? ¿O le falta aire al ceñirse al ritmo de la palabra nada más? Quizá la manera más sencilla de establecer una distinción consistiría en «alejar» esas letras del soporte musical. Igual que en los encuentros de la poesía con otras disciplinas artísticas, como la videopoesía [ver capítulo 45], el *slam* [ver capítulo 47] o el *spoken word* [ver capítulo 48], acerquémonos al texto impreso, sin la muleta de la música. ¿Qué significa? ¿Nos parece un poema?

Christina Rosenvinge afirmaba en una entrevista con Aloma Rodríguez que «la melodía es la dramatización de la letra. Eso obliga a pensar la letra casi como si fuera el texto de un actor, tienes que pensar en cómo se va a decir. Al final a la conclusión a la que llego siempre es que tiene que ir todo junto». Mientras tanto, el canon de la poesía se abre cada vez más a los letristas, en especial en el ámbito anglosajón: galardones literarios de prestigio han recaído en letristas sin una obra literaria —no se trata del caso de Cohen o Smith—, y catálogos como el de Faber & Faber han acogido las letras de una figura del *britpop* como Jarvis Cocker.

«A través de la canción la poesía llega muchísimo más rápido a las personas.»

Matilde Casazola, 1943

La canción de autor y la poesía social

Este vínculo entre la música y la poesía se estrecha —quizá porque nuestra propia memoria lo facilita— en las últimas décadas, y se plasma como ejemplo en una relación evidente: la que se establece entre la poesía social [ver capítulo 30] y la canción de autor, que a su vez ha terminado definiendo —o más bien acotando— este último género. Una referencia netamente española, que en la práctica hermana la poesía crítica con un modelo casi esencial, en el que el intérprete es también el autor de la música, y o bien adapta textos ajenos, o bien escribe los suyos propios con unos modelos muy claros.

Igual que la poesía se concibió como un arma cargada de futuro —Celaya mediante; también con María Beneyto, Ángela Figuera Aymerich, Ángel González o Blas de Otero— en la España de los años cuarenta y cincuenta, una década más tarde la canción de autor apuntaba a los temas que importaban en los versos y en los acordes de Pablo Guerrero, Paco Ibáñez, Luis Pastor o Joan Manuel Serrat y, en tonos diferentes, Luis Eduardo Aute, Javier Krahe, Amancio Prada o Joaquín Sabina. Una propuesta aún vigente hoy, con artistas más fieles al modelo como Ismael Serrano, o creadores que recorren caminos diferentes, como Niño de Elche o Sílvia Pérez Cruz.

Cantar los poemas

En nuestro recuerdo se fijaron las versiones de Serrat sobre Antonio Machado, o de Ibáñez sobre Rafael Alberti, José Agustín Goytisolo o Miguel Hernández; Rosa León trabajó sobre poemas de Fanny Rubio... Lejos de nuestras fronteras, Lou Reed adaptó en 2003 "El cuervo" —el legendario poema de Edgar Allan Poe [ver capítulo 23]—, y años antes Leonard Cohen puso música a los textos de Lorca. Una labor que inspiró uno de los monumentos artísticos de finales de siglo en nuestro país: *Omega*, el disco de Enrique Morente y Lagartija Nick, en el que flamenco, *rock* y poesía conversaban bajo el influjo de Federico García Lorca.

La idea en síntesis: las letras de canciones y los poemas comparten muchos de sus recursos

47 La poesía que se escucha (II)

El lazo entre poesía y música se estira hasta cruzar otros espacios entre la poesía escrita y la oída. En ocasiones los versos no se cantan, sino que se declaman sobre un escenario: la poesía se escucha en los *slams*, torneos nacidos en Chicago pero cuyos orígenes nos suenan bien cerca.

La poesía *slam* implica escritura —por supuesto— y recitado, pero también competición entre los participantes. De ahí que otras versiones como las sesiones de micrófono abierto queden fuera de esta categoría en la que lo importante, más que participar, es escribir.

Antecedentes

En cierto modo, los *slams* de poesía actualizan formatos como los juegos florales o las justas poéticas. Los **juegos florales**, los *ludi florae*, se celebraban durante las Floralias: las fiestas que entre los últimos días de abril y los primeros de mayo honraban a Flora, la diosa romana de las flores y la primavera, presente también en el culto a la fertilidad. En las Floralias se bailaba —mucho— y se bebía —más—, y en los juegos florales se incluían competiciones, espectáculos y sacrificios, aunque sin rastro de poesía. Una decena de siglos más tarde, en 1323, el término *juegos florales* fue rescatado por siete trovadores [ver capí-

Cronología

1323	1617
Se funda en Toulouse la Academia de los Juegos Florales	Justas poéticas en la Plaza Mayor de Madrid

Las noches del Get Me High Lounge

Se inauguraba la década de los ochenta cuando Jerome Salla —poeta cercano al movimiento *punk*— organiza en Chicago una serie de recitales poéticos, que imitaban en su estructura a los combates de boxeo, y para los que escogía lugares fuera de la academia y la oficialidad; en paralelo, surgen iniciativas parecidas en Nueva York —en el Nuyorican Poets' Cafe, vinculado a la escena puertorriqueña— o San Francisco, de la mano de Gary Glazner, que consideraba la poesía *slam* más cercana a la *performance* que a la literatura.

Marc Kelly Smith asistió a uno de los encuentros de Salla, y decidió transformar en un ciclo estable aquellas citas esporádicas: para ello contactó con un club de *jazz*, el Get Me High Lounge, que acogería las primeras sesiones de poesía *slam*. La labor de Smith abarcó más allá de la del dinamizador, puesto que con los participantes en los recitales formó un grupo de trabajo —la Ensemble de Poetas de Chicago— desde el que sentarían las bases del estilo *slam*. En 1986, tras la venta del local, se trasladaron al Green Mill, donde cada lunes se celebra —todavía— un combate poético.

tulo 35] de Toulouse, que distinguían así al mejor poeta, con independencia de su trayectoria. Los galardonados lograban una flor natural, recompensa que se mantiene todavía hoy en muchos certámenes literarios, y que Gloria Fuertes evocaba en los versos finales de su genial "Autobiografía": «y quiero comprarme a plazos una flor natural / como las que le dan a Pemán algunas veces».

Algo más tardías —tuvieron lugar sobre todo durante los siglos XVI y XVII, coincidiendo con el Siglo de Oro [ver capítulo 37]— son las **justas poéticas**. Se trataba de concursos literarios organizados con motivo de acontecimientos his-

1935	1985	1989
Primera Bertsolari Eguna, competición entre versolaris	Primera sesión de *slam poetry* en Get Me High Lounge	Bob Holman y Pedro Pietri organizan el *slam* del Nuyorican

tóricos o de festividades religiosas, destinados —pese a la pobreza de los premios, que llegaron a incluir objetos como un mondadientes de oro— a fomentar la creación entre los poetas noveles, y en los que se imponían el tema y la métrica. Entre muchas otras, se tiene constancia de las que ganó Miguel de Cervantes en 1595 en Zaragoza, de las que organizó Lope de Vega con motivo de la inauguración de la Plaza Mayor de Madrid, o de la que acogió Granada en 1628 para honrar a los canonizados mártires de Japón.

¿Qué es el *slam*?

La definición más frecuente de *slam* nos habla de «torneos de poesía»; de hecho, Marc Kelly Smith —fundador del primer ***slam* de poesía** [ver destacado]— recuerda que el término *slam* se inspira en la voz francesa *chelem*, que significa «torneo». Nos referimos a competiciones poéticas, entonces, que se ciñen a unas normas —igual que su improbable pero curiosa inspiración— e imitan el formato de un combate de boxeo; existe otra referencia, la de las batallas de gallos del *hip hop* —¡o las *regueifas* gallegas, desde la Edad Media!—, aunque en el caso de la poesía *slam* los poetas no se enfrentan entre sí, cara a cara. Cada asalto —desprovistos de golpes, o tan solo en el plano simbólico: aquí se llaman «ronda»— lo protagoniza un poeta, que sube al escenario para lograr la valoración de un jurado escogido de entre los asistentes.

> **«El *slam* es algo que un poeta puede escoger para su trabajo.»**
>
> **Patricia Smith, 1955**

Quienes obtienen una mayor puntuación consiguen el pase a la siguiente ronda, y recitan un nuevo texto. En todas las rondas, las normas se mantienen: un máximo de tres minutos, un poema propio y una participación centrada en la fuerza del texto y la desnudez de la puesta en escena, que solo puede apoyarse en los gestos y en la voz; algo que permite enlazar, en ciertas ocasiones, la poesía *slam* con la escena rap. Esta importancia de la escenificación del poema, en detrimento de su publicación en papel —y de la conexión con quien lee, que aquí se sustituye por la

Los versolaris

En euskera se llaman *bertsolaris*, «versificadores», y su labor coincide en algunos puntos con el *slam*, aunque su origen se remonta —así lo afirmó el lingüista Manuel de Lekuona— hasta el nacimiento de la literatura oral, cuando los pastores se retaban a improvisar versos con unas características determinadas. Este hecho marca las cercanías, y las diferencias, con ese modelo estadounidense: los poemas se recitan y se cantan, se interpretan ante el público sin el apoyo del libro y con la forma del duelo entre poetas y obedecen a unas indicaciones determinadas —y que atañen a la métrica y al tema—, pero tienen que improvisarse. Desde hace décadas las competiciones de versolaris se han popularizado, organizándose campeonatos locales y provinciales, incluso uno nacional (Bertsolari Txapelketa Nagusia) cada cuatro años.

conexión con quien mira—, ha provocado que muchos críticos apelen al nacimiento de una «poética *slam*»: una escritura que no necesita ser editada, ser impresa en libro, para ser legitimada.

El formato del *slam* se ha bifurcado en las sesiones de micrófono abierto o *jams* poéticas, que en ocasiones incorpora a su propia programación, ya de por sí generosa ante autores de cualquier estética: quien lo desee se apunta en una lista y sale a recitar, sin más protocolo que el de compartir sus versos.

La idea en síntesis: en los *slams* la poesía se libra del papel

48 La poesía que se escucha (y III)

La poesía se escucha en contextos bien distintos. Se escucha en los bares y en las plazas [ver capítulo 47], y también en las salas de los museos y de los centros de arte contemporáneo. Este género poroso, en contaminación feliz con otros lenguajes, también encontró su sitio en la vanguardia.

Aunque los términos *poesía fonética* y *poesía sonora* suelen utilizarse como sinónimos, se considera que la poesía fonética abarca la primera mitad del siglo XX, y la poesía sonora se inauguraría en los años sesenta, con la obra de Henri Chopin. En todo caso, ambas se construyen sobre la aliteración [ver capítulo 27], y se arman en una certeza: la palabra no importa tanto por lo que significa como por lo que suena.

La poesía fonética y sonora

De todas estas derivas, acaso la poesía fonética se asiente en la historia con mayor firmeza, pese a su fructificación reciente. Tal como recuerda Dick Higgins —poeta, compositor y artista Fluxus—, no toma lógico cuerpo hasta la invención de los aparatos de grabación durante el siglo XX. Sin embargo, los primeros experimentos de poesía sonora se asocian a la utilización de onomatopeyas [ver capítulo 26] en los poemas, con especial interés en la lírica

Cronología

1924	1970
Kurt Schwitters publica el manifiesto *La poesía consecuente*	Gil Scott-Heron graba "The revolution will not be televised"

alemana y francesa de los siglos XVI y XVII —al margen de algún intento en la escritura de la Antigüedad y de ciertas armonías en la poesía de la India—; poetas como Clement Jannequin o Johann Klaj transcribían entonces los sonidos a los que aludían sus poemas. Este hecho situaría a la poesía sonora al margen de la tradición oral, puesto que exige un trabajo creativo —y un sesgo de autoría— diferente.

«Yo pensaba que el poema es el ritmo de los sonidos.»

Raoul Hausmann, 1886-1971

Las posibilidades para la experimentación sedujeron a los vanguardistas de las primeras décadas del XX, por lo que este tipo de escritura fonética halló pronto su eco entre futuristas y dadaístas. No son los únicos movimientos de vanguardia ligados a la poesía fonética: lo estuvo el vibracionismo de Rafael Barradas, que identificó sonido e imagen, incorporando onomatopeyas a sus ilustraciones; el grupo MERZ, capitaneado por Kurt Schwitters, también con Raoul Hausmann y sus poemas optofonéticos; el concepto de «música verbal» acuñado por Michel Seuphor... La Segunda Guerra Mundial parece interrumpir esta práctica, hasta experiencias en los años cincuenta y sesenta como el letrismo y el ultra-letrismo, movimiento que presenta unos «grito-ritmos» entre la poesía visual y la fonética.

Al ya mencionado Henri Chopin —que utilizaba micrófonos para descomponer y recomponer sus trabajos; no utiliza el papel, entonces, sino la tecnología— se uniría Bernard Heidsieck, que se sirve de los sonidos de la calle para forjar sus «biopsias» sonoras. Las posibilidades que brindan los aparatos de grabación permiten experimentos como el del *idormegáfono*, que proyecta la voz en círculo, o el *hydromegáfono*, en el que la voz suena dentro del agua, ambos del italiano Arrigo Lora-Tonino; o la «lingualMusic»

1975
Traffic, de la poeta sonora Lily Greenham

1983
Polipoesía, de la lectura a la performance de poesía sonora, de Enzo Minarelli

1991
Primera actuación de Accidents Polipoètics

El tautograma

El término *tautograma* se aplica, en un sentido clásico, a los poemas —característicos de la Edad Media [ver capítulo 35]— cuyos versos comienzan siempre por la misma letra. La poesía sonora le brindará un nuevo significado: la repetición de esos fonemas, y el efecto sonoro que crean los sitúan como antecedente de este tipo de poesía. En el tautograma se experimenta: se repiten unos fonemas y se varían otros, para impulsar diferentes atmósferas acústicas. ¡Lo hizo incluso Luis de Góngora [ver capítulo 37]!

de Lily Greenham, en la que se encuentran la poesía fonética y la música electroacústica. La poesía fonética tiene en España representantes como Fernando Millán —quizá más conocido como poeta visual— o el grupo Zaj.

El *spoken word*

En el punto en el que se encuentran la poesía, la *performance*, la música —en especial el rap— y el teatro, surge el *spoken word*. Igual que ocurre en la poesía *slam*, el *spoken word* cede gran parte de su importancia al recitado, pero incorpora otros elementos audiovisuales que enriquecen la puesta en escena. En cierto modo, esta poesía hablada se inspira en la tradición oral africana, que conjugaba mensajes y cantos en sus letras.

A diferencia de las poéticas sonoras y fonéticas, con una actividad más generosa en Europa, el *spoken word* se origina en Estados Unidos de la mano de los poetas del *jazz*, en los años veinte. Esos primeros espectáculos que aunaban la interpretación musical con el recitado de versos abrieron paso en la década de los cincuenta a los poetas *beat* [ver capítulo 43], cuyo fraseo parece anticipar el *hip hop* y que continuaban vinculados en sus actuaciones a la música afroamericana; de entre ellos destaca John Giorno, *a posteriori* una de las figuras máximas de la poesía hablada. A partir de los años sesenta, la comunidad afroamericana tomaría la palabra del *spoken word* con grupos como The Last Poets —entre ellos, Gil Scott-Heron—, los padres del rap, con letras cargadas de política. De hecho, su nombre alude a la conciencia de que quizá se tratara de la última generación de poetas, antes del predominio de las armas.

La polipoesía

De una rama de la poesía fonética cuelga la polipoesía, un movimiento impulsado por Enzo Minarelli a comienzos de los años ochenta, cuya traducción nos revela un significado sugerente: «muchas poesías». No en vano, en su origen la polipoesía recibió el nombre de «poesía-acción» o «*performance* poética». La polipoesía conecta con las vanguardias de comienzos del siglo xx, aludiendo por una parte a su espíritu libre y festivo, e implicándose por otra en esa conversación intensa de la poesía con las demás artes.

Pese a la existencia de un manifiesto publicado por Minarelli en 1983, en el que se insiste en las capacidades de la lengua, la polipoesía no establece reglas para quienes la practican, que parten de un texto al que añaden diversos elementos: la dramatización, la ambientación sonora, la proyección de imágenes e incluso la experimentación con las tecnologías. Si bien el propio Minarelli se convirtió pronto en uno de los principales autores y activistas, la polipoesía tiene en el catalán su principal idioma de difusión, con el trabajo del dúo Accidents Polipoètics —que incorporan el humor a sus espectáculos— o la labor teórica de Xavier Sabater.

La idea en síntesis: poemas que significan un sonido, más allá de la música

49 La poesía del futuro (I)

La tecnología no ha modificado el contenido del poema —ese «qué» activador—, aunque sí matiza sus alrededores. Igual que el paso de lo oral a lo escrito transformó la difusión de los textos, y que la imprenta afianzó el papel del autor, ¿de qué manera influyen los ordenadores e Internet?

Hasta el momento nos hemos acercado a la relación que la poesía, y con ella el lenguaje verbal, establece con otros lenguajes de «producción humana». El vínculo que fija con los diferentes lenguajes de la tecnología —el informático, el multimedia, etcétera— establece un punto de inflexión, puesto que una de las partes —la representada por las máquinas— escapa de cualquier control o sugestión.

La poesía cinética

Las primeras manifestaciones del arte cinético —basado en la estética del movimiento— se divulgan a comienzos del siglo xx, con algunas esculturas futuristas y sobre todo con la obra de Alexander Calder, aunque la terminología que se aplica a esta estética no surgirá hasta los años cincuenta; será a partir de entonces, y en especial entre los años sesenta y setenta, cuando cale con mayor intensidad en los creadores de la época.

¿De qué manera se reproduce el arte cinético en una disciplina «estática» como la poesía? La uruguaya Amanda Berenguer reveló en 1976 una posibilidad: la de considerarla

Cronología

1959	1963	1976
Max Bense y Théo Lutz generan los primeros poemas por ordenador	Liliane Lijn expone por primera vez sus máquinas de poemas	Poemas cinéticos d[e] Amanda Berenguer *Composición de lu[…]*

La poesía y las redes sociales

Quedan por descubrir aún las verdaderas posibilidades creativas que las redes sociales brindarían a la escritura, más allá de *likes*, comentarios y otras interacciones. De momento, estas comunidades se han orientado a la difusión de contenidos, en especial Instagram —con el posteo de imágenes en las que se recoge un poema, o una fotografía inspiradora— y Twitter. La red de *microblogging* ya ha albergado experimentos narrativos —los famosos «hilos», a los que también se recurre con un afán didáctico— y parece ideal para textos breves como el haiku [ver capítulo 18] o el aforismo [ver capítulo 24].

poesía «de movimiento, de desplazamiento, de velocidad (aquí interior, no visible), equiparable a una especie de ritmo vital acelerado acorde con las circunstancias vertiginosas del mundo presente, o lento y desacompasado pero móvil como el pasaje fluyente de la sangre en uno mismo cuando crece el ansia». Su concepto de poesía cinética apuesta por el uso de los que ella califica de adjetivos, sustantivos y verbos «dinámicos» —el movimiento se imprime a la poesía por medio de palabras como «resbaladizo», «motor» o «subir»—, así como por una escritura *performática*, en la que el movimiento se expande hasta la poesía fonética [ver capítulo 48].

Otros autores lo expresan mediante la poesía visual [ver capítulo 44], en la que la grafía permite una mayor explicitud en la sensación del movimiento, y algunos poetas cinéticos sientan con su uso de las máquinas las bases de la relación entre poesía y ordenadores [ver capítulo 50]; la mayoría evolucionaba desde propuestas como la poesía concreta [ver capítulo 44] o el arte permutacional. El caso más pa-

1994

Charles Bernstein y Lois Pequeño Glazier fundan el Centro de Poesía Electrónica

1996

Kenneth Goldsmith funda UbuWeb, el gran archivo en línea de poesía de vanguardia radigmático es el de la estadounidense Liliane Lijn, vinculada en sus primeros años de carrera a los poetas *beat* [ver capítulo 43], y que «inventó» unas máquinas para generar poemas.

La poesía digital

Los nuevos tiempos aportan nuevos adjetivos para los conceptos de siempre. A todos los lenguajes sobre los que has leído en este libro, toca sumar uno más. El «lenguaje digital», en el que la expresión tiene más que ver con cifras y lógicas que con letras y sensibilidades, y que se erige sobre ideas como el hipertexto: un conjunto de imágenes, textos y códigos conectados entre sí. De este lenguaje emana la «poesía digital» o «poesía electrónica», que a su vez ampara poéticas muy diversas.

Al igual que sucedía en otras poéticas experimentales, la digital establece dos diferencias con respecto a la tradicional: el productor y el soporte. En cuanto al primero, el artista maneja la máquina, pero el resultado ya no depende de un rapto de creatividad, sino de un azar que se activa —¿qué pensaría Mallarmé?— no con un golpe de dados, sino con un par de teclas. Y con respecto al segundo, la poesía digital se difunde en galerías de arte —con el formato de instalación— y se graba como piezas audiovisuales que se publican en DVD o se cuelgan en Internet. Así se accede a la poesía con código —que utiliza el lenguaje de los programadores—, la holopoesía —sirviéndose de la técnica holográfica, que reproduce palabras e imágenes en tres dimensiones—, la poesía hipertextual o la interactiva, en cuya composición participa el lector.

«El poema es un lenguaje de programación, es un entorno hipermediático, es un *meme* que se puede popularizar a través de Internet.»

Karen Villeda, 1985

La *poetrónica*

A comienzos de los años ochenta, Gianni Toti —entonces cineasta y poeta con una estimable trayectoria— decide ex-

Poesía en 'apps'

Una *app* es una aplicación informática de *software* —conjunto de programas— que se instala en dispositivos móviles y tabletas. Este recurso se ha utilizado para difundir poemas escritos a la manera tradicional, como repositorio de textos, de vídeos en los que se recitan o —a lo sumo— de videopoemas [ver capítulo 45]. Sin embargo, algunas experiencias nos insinúan su gran potencial: *IP Poetry* experimenta generando poesía con contenidos que busca —y encuentra— en la red de manera aleatoria; *Poesía bot* —un *bot* es un programa que repite de forma mecánica tareas humanas— permite generar y compartir poesía a través del servicio de mensajería Telegram; y *Poetika* sugiere la lectura de determinados textos según tus circunstancias.

perimentar con el arte electrónico. Partiendo de sus experiencias en esta disciplina, y promoviendo el diálogo con sus lenguajes de partida, alumbra un encuentro de nombre explícito: la *poetrónica*, allá donde convergen la poesía con la electrónica. En estas piezas que rondan la videopoesía en su resultado, pero que se alejan de ella —más cercana al cine, como sabes [ver capítulo 45]— en sus medios, Toti realiza un curioso trabajo de lenguaje, al que incorpora tanto neologismos como jerga. Su obra cumbre se titula *Tupac Amauta* (1997), se acerca a la hora de duración, y recupera la figura del caudillo inca. La labor de Toti continúa en propuestas como la de la mexicana Karen Villeda, cuya obra *poetrónica* se instala ya en la poesía multimedia.

La idea en síntesis: la tecnología no como medio del poema, sino como coautora

50 La poesía del futuro (y II)

Quizá no deberíamos preguntarnos por la relación entre poesía y tecnología, sino por la forma en la que la tecnología genera poesía por sí misma, sin nadie que mida versos ni apuntale estrofas. Cuando las máquinas se programan para crear por sí mismas, ¿qué lugar ocupa el poeta?

Aunque en la primera mitad del siglo pasado ya se forjan las experiencias iniciales relacionadas con computadoras, códigos de programación, algoritmos e incluso dispositivos de hipertexto, estas tecnologías novísimas no se barajarán como una posibilidad para la creación hasta los años sesenta. Entonces se sucederán los primeros tanteos, en la mayoría de los casos por parte de autores que ya habían practicado otras poéticas alternativas.

Primeras experiencias

Seguro que te resultará muy curiosa la experiencia del amplísimo —lo integran centenares de artistas— colectivo sueco Fylkingen. Tras varias décadas orientado a la música clásica, en los años cincuenta incorpora las artes experimentales a su discurso: vira hacia la música electroacústica y otros sonidos de vanguardia, algunos de sus miembros trabajan con la danza, otros con la poesía... Desde la coordinación del área de literatura —en la que se incluye la lingüística— de Fylkingen, el escritor y compositor Bengt Emil Johnson promovió no solo la colaboración entre músicos y poetas —trabajaron con ellos autores como Sten Hanson o

Cronología

1983	1999
Primeros hologramas de Moysés Baumstein y Augusto de Campos	Eugenio Tisselli crea *MIDIPOET, software* para generar poemas

Ilmar Laaban—, sino la grabación de piezas radiofónicas que superaban con mucho la idea del poema musicado: gracias a los sintetizadores alteraban las voces, experimentaban con los primeros ordenadores... Una suerte de poesía sonora [ver capítulo 48] que incorpora distintas técnicas y posibilidades gracias a la tecnología.

En paralelo, la lengua portuguesa genera dos propuestas que sirven como prólogo a la poética de las máquinas: la «infopoesía» del portugués EM de Melo e Castro, realizada con formatos digitales, en la que el concepto de poema visual [ver capítulo 44] se descontextualiza desde el píxel, entendiendo que se trata de la verdadera unidad mínima del lenguaje; y la colaboración entre el poeta concreto Augusto de Campos y el artista multimedia brasileño Moysés Baumstein, que «tradujo» sus poemas a hologramas.

La ciberpoesía

Pese a que muchos expertos identifican la ciberpoesía con la poesía electrónica o digital [ver capítulo 49], nos parece interesante diferenciarlas a tenor del lugar que ocupa la máquina en el proceso de creación. Tal y como planteábamos, ¿se trata de una herramienta hacia el poema o se integra en la composición del texto? Si tu respuesta se centra en el primer tramo, asómate al capítulo anterior; si te quedas con la segunda opción, sigue leyendo.

La vida soñada de las letras

Con menos de tres décadas de trayectoria, ¿existe algún clásico de la ciberpoesía? Se considera que Brian Kim Stefans es el primer gran escritor —¿escritor?— en este subgénero, gracias a su pieza *La vida soñada de las letras*: sirviéndose de la animación digital, en este poema recrea una lucha entre letras que se mueven por la pantalla, imitando —con una enorme dosis de ironía— los efectos de los *banners* y los anuncios que pueblan las páginas de Internet.

2001

La vida soñada de las letras, ciberpoema de Brian Kim Stefans

2017

Se publica el primer libro de poemas escrito por un programa de inteligencia artificial

El paraguas de la ciberpoesía se diseña amplio para cobijar a propuestas muy diversas, y a quienes las impulsan: el ciberpoeta debe programar, dominando por tanto el lenguaje creativo y el informático; de lo contrario, se transforma en una obra colectiva entre quien escribe y quien codifica.

Una de las ciberpoéticas más pintorescas es la de la llamada «no-poesía visual», en la que la tipografía se descompone para dibujar imágenes con letras, reinventando su vínculo con él significado. Se escribe poesía en código ASCII, basado en el alfabeto latino, y que los ordenadores utilizan tanto para representar textos como para el control de dispositivos como el teclado; y se difunde la poesía virtual, que se sirve de la realidad aumentada para crear interfaces por las que navegar. En esta línea son populares también las experiencias de poesía animada, particulares videopoemas en los que las imágenes —y su narrativa— se han diseñado por ordenador, o actualizaciones de juegos como el cadáver exquisito, en el que los surrealistas construían un poema entre varios autores, escribiendo un verso sin conocer el anterior. Se practica todavía, y se utiliza el *software* de Wikipedia: son los *wikipoemas*.

«La poesía será una ciencia o no será poesía.»

Arthur Petronio, 1897-1983

La poesía del algoritmo

En 1999, Eugenio Tisselli presentaba *MIDIPoet*, «una herramienta de *software* que permite la manipulación en tiempo real de texto e imagen en la pantalla del ordenador». Con esta propuesta doble, que invitaba tanto a producir piezas de texto o imagen como a interpretar las ya compuestas, Tisselli avanzaba una realidad que vivimos veinte años más tarde: la de la máquina que escribe. Hasta el punto de que algunas aplicaciones, como *Botpoet*, sugieren un juego: ¿eres capaz de adivinar si este poema lo ha escrito un humano o un robot?

Se conocen varios proyectos de inteligencia artificial —la inteligencia de las máquinas, adquirida mediante la computación— que trabajan para lograr que los robots escriban buenos poemas. Porque esa escritura, aunque sin calidad, ya se ha conseguido: ya existe un libro, *La luz solar se perdió en la ventana de cristal*, con sonetos [ver capítulo 19] a cargo del *software* Microsoft Little Ice. Después de introducir cientos de poemas en una base de datos —además de imágenes y sonidos para activar la inspiración—, que permiten al algoritmo manejar vocabulario e imitar construcciones sintácticas, el programa es capaz de generar en torno a cuatro poemas por hora.

Aunque China tomó la delantera con Microsoft Little Ice, algunas de estas iniciativas que maridan poesía e inteligencia artificial se desarrollan en España. Pablo Gervás programó los sistemas de generación de poesía ASPERA (Automatic Spanish Poetry Expert and Rewriting Application) y WASP (Wishful Automatic Spanish Poet); este último presenta textos bajo ciertas indicaciones: métrica, número de estrofas... Desde la UNED se impulsa el programa POSTDATA (Poetry Standardization and Linked Open Data), en el que la poesía se estudia desde el análisis computacional.

La idea en síntesis: la poesía creada por las máquinas

Glosario

Alegoría: Tema artístico y literario en el que se plasma una idea recurriendo a una imagen que la simboliza. También figura literaria [ver capítulo 25] en la que se enlazan distintas metáforas una tras otra, buscando transmitir un mensaje desde la expresión de otro distinto.

Anisosilabismo: Término lingüístico que señala la irregularidad en cuanto al número de sílabas de los versos de una estrofa o un poema; se trata de un fenómeno característico de la literatura oral. También llamado «heterometría».

Anorritmia: Falta de coincidencia entre el acento prosódico y el acento rítmico.

Bohemia: Subcultura aparecida en el siglo XIX, inspirada en el Romanticismo [ver capítulo 38] y cuyos integrantes solían poseer vocación artística y vidas un tanto disolutas. El tópico incluye la rebeldía ante la sociedad tradicional, la defensa de la libertad individual frente a los comunes biempensantes y una estética extravagante. Arthur Rimbaud [ver capítulo 40] escribió el poema "Ma Bohème", y entre los bohemios más célebres suele consignarse a Rubén Darío [ver capítulo 41].

Canon: Criterio que establece los autores y las obras que forman parte indiscutible de la tradición, en base a su excelencia estética. Es un término de origen griego, cuyo significado es «vara de medir».

Epopeya: Poema largo, de carácter épico, en el que se canta a un héroe y los hechos maravillosos que protagonizó.

Estribillo: Conjunto de versos que se repite para fijar el ritmo o la temática del poema. Su extensión es breve.

Estrofa: Conjunto de versos acotados por una línea en blanco, habitualmente con los mismos criterios en cuanto a métrica, número y rima. En algunas ocasiones, una estrofa única se identifica también con un tipo de poema.

Hipertexto: En informática, conjunto de gráficas, textos y otros recursos que se conectan mediante la lógica para formar una herramienta de flujo de información. Se aplica a la literatura para crear textos que alcancen más allá de los formatos y soportes tradicionales.

Imagen: Símbolo que representa la realidad a través de la mirada del artista. Si la metáfora traza el vínculo entre dos realidades, en la imagen una de ellas puede carecer de lógica, puesto que forma parte del personalísimo código de creación de quien la inventa.

Indicador: Cada uno de los símbolos —suelen ser letras— con los que se señalan las características de métrica y rima en un verso: número de sílabas, minúsculas para arte menor y mayúsculas para arte mayor, blanco o guion ante la ausencia de rima, etcétera. También llamado «marcador».

Isorritmia: Técnica en la que se mantiene un ritmo pese a la diferencia de las notas cantadas. Ocurre así también en la poesía, cuando el esquema de un texto mantiene su rima pese a la diferencia de la métrica en los versos.

Leixaprén: Repetición de una o varias palabras en el final de un verso o estrofa y en el comienzo del siguiente verso o de la estrofa siguiente, enlazando ambos así; en ocasiones, llega a citarse el verso completo. Característico de la poesía medieval [ver capítulo 35] en lengua galaico-portuguesa.

Libro: En poesía, conjunto de poemas con una extensión suficiente como para justificar su unidad, y sin una ligazón formal o temática obligadas.

Mecenas: Figura que apoya económicamente la labor de un artista; también llamado «patrocinador». Toma su nombre del noble romano Cayo Mecenas (70-8 a. C.), que regaló una finca a Horacio y recibió de Virgilio la dedicatoria de las *Geórgicas*. En la poesía trovadoresca [ver capítulo 35], muchos mecenas —en especial las mujeres— alternaban su altruismo con la labor creativa.

Mudanza: Estrofa o estrofas que marcan un cambio de métrica, rima o ritmo con respecto a la estructura del poema.

Palabra fénix: Palabra que impide la rima consonante, puesto que no existe ninguna otra en nuestro idioma con la que coincida en todos los sonidos desde la última vocal acentuada. También llamada «palabra disonante».

Pausa versal: Pausa efectuada al final de cada verso. No se produce si no queda señalada por signo ortográfico y se quiere evitar la sinalefa, en el caso de que un verso finalice por vocal y el siguiente empiece también por vocal; tampoco si existe un encabalgamiento [ver capítulo 27].

Pie: Unidad métrica del verso en la poesía de la Antigüedad clásica, según criterios de cantidad y guiado por un número determinado de sílabas breves y/o largas.

Poema: Texto en el género de la poesía con significado pleno. Su forma suele relacionarse con el verso [ver capítulo 10], aunque también se escribe en prosa [ver capítulo 22].

Poemario: Conjunto de poemas con una extensión suficiente y con una ligazón formal o temática obligadas.

Poeta: Persona que escribe poemas. El término resulta válido para mujeres y hombres.

Poeta laureado: Título oficial concedido por un gobierno a un poeta o una poeta, para que durante un período de tiempo escriba poemas con motivo de los acontecimientos del territorio al que se refiere. La tradición estuvo presente en la Italia de la Baja Edad Media y el Renacimiento [ver capítulo 36] y en la Alemania del Sacro Imperio Romano Germánico, y actualmente pervive en Estados Unidos y Reino Unido, que les entrega a cambio un barril de vino de Jerez.

Serie: En la poesía medieval castellana [ver capítulos 16 y 35], conjunto de versos sin un número fijo, que mantienen la rima asonante. También llamada «tirada».

Silva: Forma estrófica compuesta por endecasílabos y heptasílabos [ver capítulo 11], de rima consonante libre [ver capítulo 13]. Es posible que algunos versos queden sueltos, sin rima.

***Sturm und Drang*:** Movimiento artístico desarrollado en Alemania durante la segunda mitad del siglo XVIII, y que en sus rasgos presagia el Romanticismo [ver capítulo 38]: frente a la racionalidad del Neoclasicismo, la pasión de las emociones; frente al proyecto de sociedad de la Ilustración, el individualismo. De forma literal, significa «tormenta e ímpetu».

Surrealismo: Movimiento artístico surgido en Francia durante los años veinte (del siglo XX), inspirado —entre otros artistas— en la obra de Arthur Rimbaud [ver capítulo 40]. Caracterizado por la importancia del sueño y el inconsciente, la libertad mental, el automatismo y en general los procesos irracionales de autoconocimiento.

Verso: Palabra o conjunto de palabras que integran cada una de las líneas del poema.

Vuelta: En las formas medievales [ver capítulo 16], enlace integrado por tres o cuatro versos, en los que el primer verso adopta la rima del último de la estrofa anterior —generalmente la mudanza— y el resto imita la del estribillo.

Nota final

Escribí este libro hace siete años. Aprendí mucho: por lo que no conocía, y descubrí, y por lo que me invitó a pensar de nuevo, de otra forma. Me brindó muchas alegrías. Sé que ha acompañado a algunas personas que se iniciaban en la poesía, o que preferían avanzar con estas páginas. He recibido fotografías de quienes preparaban exámenes, con sus subrayados y esquemas, y a quienes sirvió, y también algunos mensajes furiosos sobre la autoría de los versos que explicaban uno u otro recurso. Esto me confirma que —en efecto— las circunstancias de quien escribe siempre influyen en la recepción de quien lee, aunque el contenido se utilice para encajar la métrica o ejemplificar una figura. También desde esa conciencia —en un texto, ninguna decisión suena inocente— planteé sus contenidos.

Esta edición corrige errores y erratas, y revisa algunas cuestiones de estilo que no me convencían. Habría modificado mucho más. Siete años después, ¿escribiría el mismo libro? No, porque no soy la misma persona. Se me ocurre: el texto insiste en un masculino genérico que evitaría hoy, y he sumado lecturas y hallazgos que desde luego integraría. Pero eso supondría afrontar no una reescritura sino una escritura nueva, y en cierto modo rechazar a quien entonces leía y releía, tomaba notas, se esforzaba con mimo y entusiasmo para lograr el mejor texto posible. Aquí tienes este libro imperfecto, cuya intención desmiente el título: no todo lo que hay saber sobre poesía, sino más bien todas las preguntas para encontrar las respuestas que buscamos. Ojalá te resulte útil, y sacie tu curiosidad. Ojalá te guiñe el ojo, como los grandes poemas de Homero a Wisława Szymborska, como a mí estos versos de Javier Egea: «y me mantengo firme gracias a ti, poesía, / pequeño pueblo en armas contra la soledad».

Madrid, noviembre de 2024

AUSTRAL

www.australeditorial.com

www.planetadelibros.com